외국인을 위한

체험중심

한국전통문화

권오경 이리경 박정미 한정범 표수진 공저

신정

서문

한국어와 한국인, 그리고 한국문화에 익숙하지 않은 외국인이 한국의 전통문화를 배우는 것은 쉬운 일이 아닙니다. 왜냐하면 문화를 배우고 익히고 즐기고 또 그것을 자식들에게 물려주는 방식이 지역마다 국가마다 다르기 때문입니다. 그리고 낯설고 어색한 문화에 대해서는 불안감과 더불어 경계하는 자세를 우선 취하는 것이 인간의 본래의 모습입니다.

그래서 우리는 문화를 배워야 합니다. 물론 자기 모국의 문화만으로도 충분히 잘 살 수 있지만 시대가 바뀌었습니다. 국가와 국가가 서로 친화적 관계를 맺고 사람과 물자가 오고가는 글로벌시대가 되면서, 언어와 문화를 배우는 것이 꼭 필요한 일이 되었습니다.

그런데 현대문화는 현지에서 살아가면서 자연스럽게 배우고 적응할 수 있는 기회가 많지만 전통문화는 이해하기 어렵고 낯설기 때문에 열심히 배우고 체험해야 이해할 수 있습니다. 왜냐하면 전통문화는 지금의 문화를 있게 한 살아 있는 과거 문화이며, 현대문화는 전통문화의 연속이기 때문입니다. 그리고 자연스러운 생활 속의 습득보다는 교육을 통해 체계적으로 학습하는 것이 더 유리합니다. 그러자면 전통문화 교육을 위한 교재가 필요합니다. 외국인을 위한 한국문화, 혹은 한국전통문화 교육을 위한 책들이 여럿 있습니다만 제각각 목적하는 바와 수준별, 내용별 학습의 차이가 많습니다.

이 책은 외국인 학습자가 학문을 목적으로 대학교에서 한국전통문화를 배울 때 좀 더 쉽고 체계적이며 체험중심의 학습이 되도록 구성하였습니다. 특히 자기주도적 수업의 일환으로 제시문을 배우고 직간접적으로 전통문화를 체험할 수 있도록 하였습니다. 학습목표 제시와 확인학습, 심화학습, 팀별 학습을 '체험'이라는 키워드로 통일하였습니다. 또한 학습자중심 학습이 되도록 교재를 구성하였습니다. 중급 수준에 맞는 어휘와 학습내용, 과제 수행으로 구성하였고, 높임말로 안내함으로써 친절한 안내서의 이미지를 나타내고자 하였습니다. 뿐만 아니라 학습자의 이해를 돕기 위하여 시각적 자료를 많이 수록하고, 한국의 전통문화가 옛날의 것이 아니라 현대사회에서도 살아 있는 문화임을 드러내 보이도록 노력하였습니다.

한국인의 힘의 원천은 밥, 라면, 돼지고기라는 말도 있습니다. 그 외에 우유, 달걀, 콩기름, 커피, 국수, 소주를 덧보태기도 합니다. 김치와 비빔밥, 인삼 등은 이미 세계적인 식품이 되었습니다. 이런 현상은 단지 오늘날의 한국인의 모습만이 아니고 이미 예전부터 있는 문화현상입니다. 이것이 한국인을 한국인답게 만든 힘이고 원동력입니다. 또한 이러한 힘과 원동력은 음식문화 이외에도 전통문화 곳곳에 살아 있습니다. 그리고 미래사회에서도 한국전통문화는 동·서양의 문화와 교류하면서 유지·변화해 갈 것입니다. 그래서 한국의 전통문화를 이해하고 체험하고 실천하기 위해서는 한국문화에 대하여 꾸준히 관심을 가지고 관찰하는 자세가 필요합니다. 더불어 함께 즐기고 학습자 모국의 문화와 비교해 보는 것이 무엇보다 중요합니다. 한국의 전통문화학습은 지금, 여기, 우리들이 생활하며 즐기고 경쟁력을 높이는 문화에서부터 출발해야 합니다. 그래서 학습자는 현대사회와 연계한 전통성과 대중성, 가치성, 그리고 자기 문화와 비교하는 주체성이 필요합니다. 이 교재를 통하여 학습자들이 이러한 능력을 키울 수 있기를 희망합니다.

교재 집필을 위해 필자 외에 네 분의 선생님이 수고를 해주셨습니다. 1부에 해당하는 한국인과 한국문화는 필자가 집필하였고, 예의문화와 가정의례 및 세시풍속은 이리경 선생님이 담당하였습니다. 박정미 선생님은 주거문화, 민속예술 부분을, 표수진 선생님은 음식문화와 민속놀이 부분을 맡았으며, 한정범 선생님은 의복문화와 민속신앙 편을 맡아 수고해 주셨습니다. 바쁜 일정 속에서 집필에 참여해 주신 분들께 감사의 인사를 드립니다.

이 책은 안내문의 역할을 하는 1부에서 3강을, 2부에서 9개 과에 27강을 다룸으로써 총 30강으로 구성하였습니다. 체제는 과(단원) 개관과 학습목표 제시, 문화단어장 안내, 제시문과 내용확인, 확인학습, 표현과 이해, 체험하기 등의 순으로 엮었습니다. 수업하는 교사가 자유로이 시수에 따라 내용을 선택할 수 있도록 전통문화의 모든 영역을 다루었다는 것이 이 교재의 특징입니다. 특히 생활예절문화, 가정의례를 시각적으로 구성한 것이 다른 교재와의 차별점이라고 할 수 있습니다. 이 책에서 사용한 사진은 국립민속박물관 소장 자료가 대부분이며 일부는 집필자들이 소장한 사진들을 사용하였습니다.

어려운 상황에서도 흔쾌히 책을 출판해 주신 신정출판사 최용구 사장님께 감사의 인사를 드리며 편집을 위해 수고해 주신 분들께도 감사의 인사를 드립니다.

이 책을 통하여 외국인 학습자가 한국전통둔화를 이해하고 체험하는 가운데 한국과 한국인을 더 잘 이해할 수 있기를 희망합니다.

2021년 신축년 3월에

저자를 대표하여 권오경 씀

차례

1부

한국인과 한국문화에 대하여 알아볼까요?

1강 한국전통문화가 무엇일까요?
2강 한국 사람들은 어떻게 생각하고 행동할까요?
3강 한국전통문화의 특징에 대하여 알아봅시다.

한국인과 한국문화에 대하여 알아볼까요?

한국문화는 한반도의 지형적 특성과 오랜 역사 속에서 한국 사람들이 공동으로 만든 문화를 말합니다. 한국문화를 만든 한국 사람들은 부지런합니다. 한번 마음먹으면 끝까지 해내는 끈기와 인내심, 그리고 지기 싫어하는 경쟁심과 잘 살고 싶어 하는 욕심을 가지고 있습니다. 그래서 한강의 기적을 이루어내면서 세계적인 경제성장을 이룩하였습니다.

한국은 중세 왕권정치를 청산하면서 민주주의를 정착시켰지만 불행하게도 남한과 북한으로 단절된 분단의 역사를 맞이하였습니다. 1988년 서울올림픽을 계기로 경제는 더욱 성장하였지만 급격하게 발전한 경제성장의 뒷면에는 사회적으로 다양한 갈등도 숨어 있습니다.

한국인은 가장 과학적이고 우수한 문자인 한글을 만들어 사용하고 있으며, 세계 최초로 금속활자본을 발명하였습니다. 책 읽기를 좋아하고 학문과 신앙심이 깊은 민족입니다. 현대에도 반도체와 휴대폰산업이 세계시장을 주도하고 있으며, 골프와 축구, 스케이팅 등의 스포츠분야에서 세계적인 선수를 배출하였습니다. 미술과 음악, 영화 등의 예술문화분야에서도 세계적인 인물이 한국에서 탄생하였습니다.

이러한 것이 가능했던 이유는 한국전통문화에서 이어져온 효도문화와 형제간의 우애, 친구 간의 우정, 그리고 노인을 공경하는 문화, 어려울수록 나의 일처럼 여기고 서로 돕는 마음, 가난을 극복하기 위하여 자식들을 학교에 보내는 교육열, 잘 살아보겠다는 의지 등을 들 수 있습니다. 이처럼 전통문화는 과거의 문화유산이고 현대의 문화경쟁력이며 미래의 문화자산입니다.

경복궁 경회루

학습목표

1. 한국의 전통문화에 포함되는 것들을 말할 수 있습니다.
2. 한국인처럼 생각하고 행동할 수 있습니다.
3. 한국전통문화의 특징을 요약 정리할 수 있습니다.

문화단어장

- 동방예의지국 :
- 두레 :
- 마을공동체 :
- 선비 :
- 주술 :
- 통과의례 :
- 풍수 :
- 풍요다산 :
- 화랑 :

1강 한국전통문화가 무엇일까요?

문화는 어떤 지역에 사는 사람들이 살아가는 방식을 말합니다. 전통문화는 현대 이전 시대에 살았던 사람들의 생활방식입니다. 전통문화는 살아 있는 과거이며, 새로운 문화의 원천으로서 현대인이 이어받아야 할 문화유산입니다. 그리고 한국의 전통문화는 현대사회 이전의 한국 사람들이 살았던 옛날 생활방식의 결과물이지만 현대사회에서도 여전히 계승할만한 가치가 있거나 보편적으로 존재하는 문화입니다.

현대 이전의 중세와 근대사회는 신분계급사회였기 때문에 전통문화는 상층의 문화와 하층의 문화로 나눌 수가 있습니다. 상층의 문화는 지배계급에 속한 사람들, 즉 왕족이나 양반사대부들의 문화를 포함하며, 하층의 문화, 즉 민중의 문화는 민속문화라고 합니다. 한국의 전통문화라 하면 보통 일반 백성들의 민속문화를 말합니다.

민속문화는 일반 사람들이 오랜 시간 동안 문화적 관습과 생활풍속으로 지속해온 기본적인 생활방식입니다. 역사성과 지역성에 기초하여 다른 민족이나 지역의 문화와 차이를 보이며 고유한 특성을 지니기 때문에 민속문화 속에는 민족의식이나 시대적, 지역적인 문화 특성이 반영되어 있습니다.

자, 그러면 이제 한국전통문화에는 어떤 것들이 있는지 알아볼까요?

전통문화, 즉 민속문화에는 사람들이 살아가는 데 꼭 필요한 생활방식들이 포함됩니다. 우선 사람들이 먹고 자고 입는 의식주문화가 있습니다. 의복문화는 어떤 옷을 어떻게 입고, 왜 그런 옷을 입는지에 대한 것들을 이야기합니다. 음식문화는 먹는 음식의 종류와 만드는 법, 상을 차리고 먹는 법 등을 다룹니다. 주거문화는 우리가 사는 집의 형태나 그 집의 구성원들의 관계 등에 대한 문화를 말합니다. 이러한 기본적인 생활문화로서의 의식주문화 이외에 일상생활에 필요한 문화들도 많습니다. 그 중에는 생활예절문화가 있는데, 한복 입는 법이나 큰절하는 법, 손님 초대하는 법 등이 여기에 해당합니다.

사람들이 태어나고 성장하며 결혼하고 죽음에 이르는 과정에서 발생하는 통과의례문화가 있고, 설이나 추석처럼 해마다 특정한 날에 특별한 행사를 하는 세시풍속문화도 있습니다. 그리고 특별한 날이 아니더라도 아무 때나 즐거움을 위해서 하는 민속놀이문화도 있습니다. 일반 사람들이 풍년이나 오래 사는 것, 혹은 모든 일들이 다 잘되기를 바라는 의미에서 하는 민간 신앙도 있습니다. 전통음악이나 미술, 무용, 건축과 같은 민속예술도 있고, 특히 민속문학으로 설화, 민요, 무가, 판소리, 탈춤, 속담, 수수께끼와 같은 문학도 민속문화에 포함됩니다.

좀 더 들여다보면 한국전통문화 속에는 민속신앙도 있습니다. 오래전부터 존재해온 무속 신앙, 풍수사상이 있고, 불교, 유교사상도 있습니다. 이런 종교는 근대 이후 천주교, 개신교가 들어오면서 혼합되기도 하였습니다. 이러한 신앙이나 사상은 한국인의 의식이나 생각하는 가치관을 형성하고, 행동을 발생시키는 보이지 않는 힘이나 원인으로 작용하여 왔습니다.

2강 한국 사람들은 어떻게 생각하고 행동할까요?

'한국인은 어떻다'라고 한마디로 말하는 것은 매우 어려운 일입니다. 왜냐하면 한국인도 문화의 변화에 적응하면서 생활방식과 생각, 그리고 행동이 바뀌었기 때문입니다. 문화는 예전의 것을 유지하기도 하고 변하기도 합니다. 그리고 지역과 문화권에 따라 한국인의 특성이 조금씩 다릅니다. 그래서 한국전통문화 속에서 한국인은 누구인가? 어떤 생각과 가치관을 가지고 있는가? 하는 질문에 대한 대답을 찾는 것은 쉬운 일이 아닙니다. 그리고 전통문화 속에서 한국인의 모습을 찾는 이유는 현대사회에서도 그것이 영향을 미치고 있는지를 알기 위함입니다. 그래서 과거의 한국인의 모습이 현대에는 어떤지 살피는 것이 훨씬 더 중요합니다.

한국인은 어떤 사람들일까요? 먼저 한국인은 끈기 있는 민족입니다. 쉽게 포기하지 않고 끝까지 일을 추진하는 성격을 지니고 있습니다. '오기', '깡다구' 있는 사람들이라는 말도 끈기와 관련 있습니다. 어려운 상황에서도 포기하지 않고 끝까지 일을 추진하는 한국인의 힘은 사계절 변화 속에서 살아남기 위한 인내력과 적응력의 결과라고도 말합니다. 실제로 한국인은 들풀정신이 강하다고 합니다. 바람이 불면 옆으로 넘어지지만 결코 뿌리가 뽑히지 않는 강인한 정신이 들풀정신입니다.

또한 한국인은 잘 노는 사람들입니다. 신명을 가지고 있다, 흥이 많다, 노래를 좋아한다 등의 표현은 모두 흥겹게 잘 어울리고 놀 줄 아는 사람들이라는 뜻입니다. 한국 사람들은 예전부터 전쟁을 많이 겪었고 산이 많아서 농사를 지어도 늘 부족하였으며, 신분사회에서 상층인에게 생산물을 빼앗기거나 남성 중심 사회에서 여인들이 더욱 힘든 생활을 하여야 했기 때문에 한恨이 많은 민족이라고도 합니다. 그 한을 풀어내어야 살 수 있었기 때문에 신명나는 놀이와 노래, 춤 등을 좋아하고 발달시켰습니다. 한국인이 지닌 역동성은 신명의 결과이기도 합니다. 그러나 한편으로는 '빨리빨리' 문화도 만들어 내었습니다.

그리고 한국인은 모든 것을 한데 합치고 새로 무언가를 만드는 데 놀라운 재주를 지닌 국민입니다. 이것을 한국인의 융합성, 포용성이라고도 합니다. 비빔밥이 그 대표적 사례이며, 오늘날 휴대폰 생산 세계 1위가 된 것도 모두 한국인의 이 융합정신에서부터 출발합니다. 융합하고 화합을 좋아하는 문화는 한국인의 상생문화를 가능하게 하였습니다. 한국에는 예전부터 무속 신앙과 불교, 유교, 도교 등이 공존하였으며 현대에도 세계의 대표적인 종교가 모두 갈등 없이 존재하고 있습니다. 이러한 융합과 화합 정신은 한국이 지리적으로 반도국가이기 때문이라는 점, 그리고 사계절이 뚜렷하여 춥고 더운 것에 잘 적응하는 데서 생긴 특징이라고 합니다.

한국인의 특성 중에는 평등주의가 있습니다. 나쁘게 표현하면 남이 잘 되는 것을 못 봐 주는 시기와 질투심이 있습니다. 그래서 나도 남들처럼 잘 살아보겠다는 경쟁정신이 상당히 강합니다. 이러한 정신을 좋게 해석하면 평등을 향한 자기상승의 에너지를 자기발전으로 이끌어내는 힘이 있다고 할 수 있습니다. 짝퉁을 좋아하며 과소비하는 습관은 이것의 부정적 현상들입니다. 그러다 보니 한국인은 다른 국가의 국민들보다 호기심이 많습니다. 과거에 신혼방을 엿보던 풍속이나 오늘날의 찜질방 등 다양한 체험문화, 인터넷 검색창에 온갖 질문에 많은 답들이 댓글로 달려 있는 문화들도 모두 이와 관련 있습니다. 이외에도 한국인은 정情이 많은 국민입니다. 그래서 한국인은 친절합니다.

3강 한국전통문화의 특징에 대하여 알아봅시다.

한국전통문화는 그 범위가 너무 넓어서, 그 숨은 의미까지 모두 다 아는 것은 어려운 일입니다. 그래서 일반적으로 말하는 특징 몇 가지에 대하여 알아보겠습니다.

첫째, 잘 먹고 잘 살고자 하는 마음이 문화로 표현되었습니다. 이것을 '풍요다산' 기원사상이라고 간단하게 말하는데 생산을 많이 하여 생활이 풍요롭게 되고 평화롭게 살기를 바라는 마음입니다. 그래서 한국의 전통문화에는 남녀, 음양의 조화를 이루는 상징물이 많습니다. 예를 들어 암줄과 숫줄로 구성되는 줄다리기도 그 중의 하나입니다. 이것은 남녀, 음양의 결합에 의지하여 많은 생산과 풍요로움을 기원하는 문화입니다.

둘째, 한국은 가족중심의 생활문화가 강합니다. 같은 피를 나눈 사람들끼리 단결을 잘 하는 혈연주의와 관련이 있습니다. 나이 많은 사람을 존경하고 조상을 숭배하는 문화가 뚜렷하여 한국을 '동방예의지국'이라고 합니다. 설과 추석에는 조상에 대한 명절제사를 지내는 풍속이 남아 있으며, 경로당이나 노인정, 경로석 등을 쉽게 찾아볼 수 있습니다. 조상숭배는 사회적으로 성씨 씨족문화나 가문중심문화를 만들었습니다. 그래서 한국인은 족보나 태어난 고향을 묻는 경우가 많습니다. 부모를 존경하는 효도문화가 발달하였고, 학교 선생님도 부모님과 같다 하여 스승을 존경하는 문화도 발달하였습니다. 지금 한국에서 5월 8일은 어버이날이고 5월 15일은 스승의 날입니다.

셋째, 마을 공동체문화가 발달하였습니다. 함께 어울려 살아가는 마을사람들을 이웃사촌이라 할 정도로 가깝게 지냈습니다. 마을의 크고 작은 일은 모두 마을 사람들이 모여 결정하였고 어려운 일은 힘을 모아 극복하였습니다. 어려운 말이지만 '두레'라고 하는 농사 공동체문화도 있었고, 정월대보름에는 '동제'라고 하는 마을 제사도 지냈으며, 놀 때도 모든 마을 사람들이 한데 모여 춤추고 먹을 것을 나누었습니다. 대동단결이라는 말도 이와 관련 있습니다. 같은 지역의 지연중심주의, 같은 학교 출신의 학연중심주의도 마을 공동체문화와 관련이 있습니다.

넷째, 자연과 함께 지내기를 바라고 자연과 어울려 생활하기를 좋아하는 문화가 많습니다. 집을 지어도 햇빛이 잘 드는 남쪽 방향으로 집을 지었는데 이는 풍수사상에 근거합니다. 풍수는 장풍득수藏風得水의 줄임말입니다. 한국인은 바람을 잘 가두고 물을 잘 얻을 수 있는 곳이 살기 좋은 곳이라고 믿었습니다. 음식도 천연재료를 사용하기를 좋아하며, 자연을 개발하기보다는 자연과 함께 지내기를 희망합니다. 그래서 한국 사람들은 산을 좋아하면서도 두려워하는데 호랑이 산신 신앙, 산신령과 관련되는 이야기도 많이 만들었습니다. 신라의 화랑들이나 조선시대 양반 선비들도 늘 자연과 함께 지내면서 자연과 하나가 되고자 하였습니다.

다섯째, 한국전통문화 속에는 아직도 무속 신앙이 곳곳에 남아 있습니다. 무속은 죽어서 좋은 곳으로 가고자 하는 일반 종교와는 달리, 현실세계에서 잘 살기를 바라는 현세구복 신앙입니다. 그리고 굿이라는 행위를 통해 보다 나은 현실세계를 꿈꾸게 됩니다. 예를 들어 동굴이나 깊은 물, 신기한 바위나 숲, 길, 나무 등이 그런 역할을 하는 신비로운 장소나 사물입니다. 사람들은 그런 것들을 신령스럽게 생각하며 기도하는 대상으로 삼았습니다. 이런 무속이 이후에 불교를 받아들여 혼합되면서 무·불 혼합문화가 생겼습니다. 산 중에 있는 사찰절에 산신각이 있는 것도 이러한 결과입니다. 그리고 현대사회에서도 일부 한국인들은 시험을 친다거나 중요한 일에는 신비로운 곳을 찾아가서 기도를 하거나 주술적 행위를 하는데 이것은 모두 무속적 신앙의 관념적 결과물들입니다. 그리고 이러한 생각에서 무엇을 해야 하거나 절대로 해서는 안 되는 것들, 즉 금기터부행위가 한국 사회에서 많이 생겼습니다. 흔히 '부정탄다'는 말이 있는데, 모두 여기에서 나온 말들입니다.

여섯째, 유사의 법칙과 접촉의 법칙에 의한 민속이 많습니다. 유사의 법칙은 유사한 것이 유사한 것을 초래한다는 유감주술입니다. 예를 들어 예전에는 산모가 집에서 출산할 때 미끄러운 계란을 먹는다든지 장롱 문을 활짝 열어 놓는다든지 하여 아기가 쉽게 태어나기를 바랐습니다. 접촉의 법칙은 한 번 몸에 붙어 있었던 것은 떨어져도 계속 붙어 있는 것으로 믿는 접촉주술입니다. 아이를 낳지 못한 여인이 다산한 여인의 속옷을 얻어 가지고 있으면 아이를 낳을 수 있다고 믿는 것 등이 그 사례입니다. 한국 전통문화 중에는 이 두 개의 주술법칙으로 설명할 수 있는 사례가 매우 많습니다.

학습활동

1. 다음 사진을 보고 느낀 점을 이야기해 봅시다.

〈출처: 문화재청〉

2. 다음 글을 읽고 한국인의 '깡다구 문화' 사례를 더 찾아봅시다.

(전략)
1962년 브라질로 떠났던 '14인의 이민 선발대'는 깡다구의 화신들이었다. 농업이민이 목적이었던 그들은 갖고 있던 쌈짓돈을 톡톡 털어 '아리랑 농장'을 개간했다. 하지만 언어의 벽에 부딪히고 일본 이민자들과의 경쟁에서 밀려 1년 만에 파산했다. 결국 상파울루 시내로 들어가 반 평 남짓한 좌판을 벌였다. 그곳 말로 '빠루'. 작은 판때기에 껌이며 초콜릿, 담배 따위를 올려놓고 팔았다. 그것이 한인 이민자들의 생업이었다. 그렇게 목에 풀칠하며 자식들을 대학까지 교육시켰다. 이민 역사 40년을 넘긴 지금, 브라질 사회에서 한인들의 위상은 중산층 이상이다. 현재 한인 인구 약 5만 명. 그 가운데 의사만 200명이 넘는다. 그야말로 깡다구 하나로 브라질 사회에 튼튼히 뿌리를 내린 셈이다.

〈출처: 경향신문(2005.5.16), 문학수 기자. 한국의 힘 1부-10 중에서〉

3. 다음 그림은 떡살의 일종입니다. 이 그림의 물건이 어디에 사용되는 것인지 알아봅시다.

〈출처: 국립민속박물관〉

4. 아래 사진을 보고 전통문화인 〈차전놀이〉가 어디에 사용되었는지 알아보고, 〈차전놀이〉와 관련한 한국인의 ‘기복사상’에 대하여 말해 봅시다.

〈출처: 국립민속박물관〉

2부

한국전통문화의 이해와 체험

1과

한복은 어떤 옷이에요?

한복은 한국 사람들이 옛날부터 입던 전통 옷입니다. 지금 한국 사람들이 입는 한복의 모양은 조선시대 후기에 입던 한복이 전해진 것입니다.

한복은 시대나 신분에 따라 그 모양이 달랐습니다. 그러나 여자는 치마와 저고리를 입고, 남자는 바지와 저고리를 입는 기본적인 형태는 변하지 않았습니다. 한복은 부드러운 곡선 모양이 많고 몸에 붙지 않는 여유가 있는 옷입니다. 남녀 모두가 입는 저고리의 소매는 위쪽이 직선이고 아래쪽은 가운데가 넓은 부드러운 곡선 모양입니다.

옷의 기본 기능은 몸을 보호하는 것입니다. 그런데 사회가 발전함에 따라 기본 기능뿐만 아니라 옷으로 신분을 나타내기도 하고 아름다움을 표현하기도 하며, 현재 그 사람의 상황을 보여주기도 합니다.

한복도 시대의 정치적, 경제적 상황이나 생활방식 등을 보여주며 계속 변화해왔습니다(한미라 외, 2011: 214). 한국에 서양문화가 들어오기 시작하면서 한국 사람들의 생활문화는 크게 바뀌기 시작했습니다. 특히 한복은 활동하기에 불편하다는 이유로 현대에는 중요한 일이 있을 때만 입는 옷이 되었습니다. 그래서 불편한 전통한복 대신 '생활한복'이라는 한복이 만들어졌습니다.

학습목표

1. 한복의 역사를 알 수 있습니다.
2. 남녀 한복의 특징을 알 수 있습니다.
3. 한복 입는 순서를 알고 입을 수 있습니다.

문화단어장

- 고름 :
- 노리개 :
- 대님 :
- 두루마기 :
- 마고자 :
- 버선 :
- 소매 :
- 쓰개치마 :
- 장옷 :
- 저고리 :

4강 옛날 한국 사람들은 어떤 옷을 입었어요?

한국의 옛날 나라인 고구려의 벽화에는 그때의 옷을 입고 있는 사람이 그려져 있다. 그 그림 속의 사람들은 엉덩이까지 내려오는 윗옷을 입고 허리를 묶은 모습이다. 지금 우리가 알고 있는 한복과 아주 많이 다르다. 그리고 여자들도 바지를 입고 있다. 고구려시대 기본 옷은 저고리와 바지였고, 특별한 날에는 두루마기와 치마를 입었다.

이러한 옷의 기본 형태는 고려시대까지 이어졌다. 바지와 두루마기 모양, 옷감의 소재가 시대마다 조금씩 달라졌다. 고려시대 귀족 여자들의 치마는 아주 길어서 걸을 때는 치마를 손에 들고 다녔다. 그리고 여자들은 외출할 때 모자를 썼는데 그 길이가 땅에 끌릴 정도였다.

고려 중기 이후에는 원나라의 간섭을 받게 되면서 몽골풍이 유행하게 된다. 왕실이나 지배층을 중심으로 변발, 댕기, 동물의 털을 이용하여 만든 겨울 모자인 조바위, 몽골에서 결혼한 여자가 외출할 때 쓰는 모자인 족두리와 은장도 등이 유행했다.

고려 말이 되면서 몽골의 영향으로 저고리의 길이가 더 짧아져서 허리까지 올라오게 된다. 길이가 짧아지면서 고름이나 단추가 생겼고 이때부터 저고리의 소매도 좁아지고 동정을 달아서 입게 되었다(한미라 외, 2011: 216).

특히 고려 말에 문익점이 원나라에서 가지고 온 목화가 재배되기 시작하였고 무명이 만들어지면서 중요한 옷의 재료가 되었다. 목화로 만드는 목면은 한국의 의생활에 큰 영향을 주었고 이것으로 만든 옷감으로 일상복과 작업복을 만들어 입었다. 또 솜으로 된 두꺼운 옷을 만들어서 추운 겨울을 따뜻하게 보낼 수 있게 되었다.

솜은 이불을 만드는 데도 사용되어 온돌의 발전과 함께 좌식문화가 발전하게 된다. 목면은 조선시대에 들어와 널리 보급되면서 삼베만 주로 입던 일반 서민의 의복생활을 더욱 풍요롭게 만들어 주었다(한미라 외, 2011: 217).

조바위

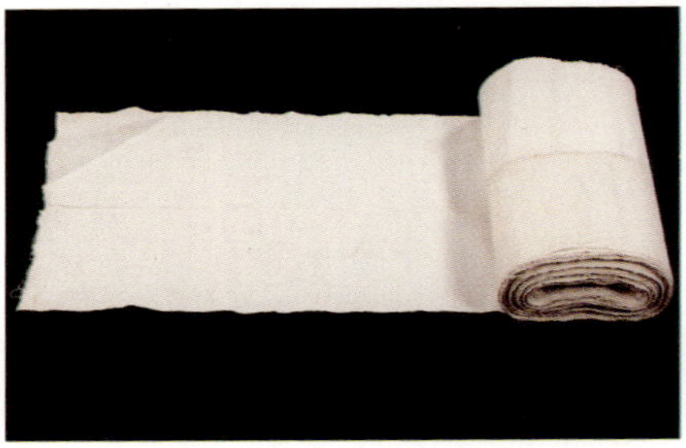

무명

〈출처: 국립민속박물관〉

내용 확인하기

1. 다음을 읽고 맞으면 O, 틀리면 X표 하세요.

① 현대의 한복은 조선시대부터 입었던 옷이다. ( )

② 조선시대부터 목화로 옷을 만들어 입기 시작했다. ( )

③ 고려시대에는 다른 나라의 영향을 받은 옷차림이 유행했다. ( )

④ 목화 때문에 여름을 시원하게 보낼 수 있게 되었다. ( )

⑤ 생활의 불편함을 해결하기 위해서 저고리가 짧아졌다. ( )

2. 다음 설명에 해당하는 단어를 〈보기〉에서 찾아 쓰세요.

〈보기〉

목면	의자	고름	비단
온돌	댕기	삼베	조바위

① (   )은/는 목화로 만드는 옷의 재료이다.

② 일반 서민들은 주로 (   )(으)로 만든 옷을 입었다.

③ 동물의 털을 이용하여 만든 겨울 모자를 (   )(이)라고 한다.

④ 저고리의 길이가 짧아지면서 (   )을/를 달았다.

⑤ 솜은 이불에도 사용되어 (   )의 발전과 함께 좌식문화가 발전하게 된다.

생각하며 표현하기

1. 다음은 '고구려'의 한복입니다. 여러분이 알고 있는 한복과 비교하여 설명해 봅시다.

고구려 무용총 벽화-여자시녀

〈출처: 문화콘텐츠닷컴〉

2. 다음 사진은 '은장도'라는 물건입니다. '은장도'는 은으로 만든 작은 칼입니다. 언제 사용했을지 자유롭게 이야기해 봅시다.

〈출처: 국립민속박물관〉

확인하기

1. 한복의 장점에 대해 간단히 설명해 봅시다.

2. 목화가 재배되기 시작하면서 생긴 생활의 변화를 설명해 봅시다.

3. 고려시대의 한복에 대하여 간단히 설명해 봅시다.

체험하기

1. 드라마 〈주몽〉에 나오는 고구려시대의 여자 의복을 찾아봅시다.

2. 여러분 고향의 옛날 전통 의상과 현재의 고유 의상을 비교하여 친구들에게 설명해 봅시다.

5강 옛날에도 패션이 있었어요?

1) 여성 한복

여자들의 가장 기본적인 옷은 저고리와 치마이다. 저고리는 가슴 앞에서 고름을 맨다. 고름은 두 개의 끈으로 되어 있는데 단추의 기능을 한다. 여자의 저고리는 남자보다 짧고 치마는 신분에 따라 색깔이나 모양이 달랐다.

조선시대가 되면서 엄격한 신분사회가 되어 일반 백성들은 노란색, 보라색, 빨간색의 옷을 입지 못하게 되었다. 치마도 무늬가 없는 치마를 입었고 일할 때 편하도록 허리띠를 맸다.

제일 아래 신분인 천민은 폭이 좁고 속바지가 구릎까지 보일 정도로 길이가 짧은 치마를 입었다. 특히 백정 여성은 치마에 검은색 천을 달아서 그 신분을 나타나게 하였다(한미라 외, 2011: 217).

양반 여자의 치마는 폭이 넓고 길이도 길었으며 다양한 색깔의 옷감으로 만들어졌다. 왕가에서는 아랫부분에 금색이나 은색으로 글자나 꽃무늬 모양의 도장을 찍어 화려하게 입었는데 이것을 '스란'이라고 한다. 평민들도 결혼할 때는 스란치마를 입는 것이 허용되었다.

그리고 여자들은 외출할 때는 장옷이나 쓰개치마를 쓰고 다녔다. 장옷은 주로 양반 여자들이, 쓰개치마는 평민 여자들이 쓰고 다녔다.

조선 중기 이후에는 한복이 점점 간소화되었다. 이때부터 저고리의 길이가 점점 짧아지고 반대로 치마는 풍성하게 입는 것이 유행하였다.

발을 따뜻하게 하기 위해 요즘의 양말과 같은 버선을 신었다.

양반 여자들은 저고리 고름 부분에 노리개를 착용하여 아름다움을 더하기도 하였다.

장옷

쓰개치마

스란 한복

노리개

〈출처: 국립민속박물관〉

2) 남성 한복

남자들의 가장 기본적인 옷은 저고리와 바지이다. 남자의 저고리는 여자의 저고리보다 길고 허리 아래까지 내려온다.

조선 후기에 서양 문화가 소개되면서 저고리 위에 조끼를 입었다. 조끼는 원래 다른 나라의 옷인데 한복에는 없는 주머니가 있어서 조선 후기에 남자들이 입기 시작하였다.

다음으로 조끼 위에 마고자를 입었다. '덧저고리'라고도 불렀는데 추운 지방에서 따뜻해지기 위해서 입은 옷이다. 저고리와 비슷하지만 깃과 동정을 달지 않는다. 양반 남자들은 마고자에 고름 대신 보석 단추를 달기도 하였다. 남자들이 한복을 입을 때는 마고자를 입어야 예의에 맞게 입은 것이다.

그리고 외출을 할 때는 두루마기를 입었다. 두루마기는 예의를 갖추기 위해 입는 겉옷인데 남의 집에 방문했을 때 집안에서도 벗지 않는 것을 예의로 생각했다.

바지는 처음에는 말을 타고 사냥하기 편하게 통이 좁았지만 농경 사회가 되면서 바지통이 넓어졌다. 허리는 허리띠로 매고 넓은 바지통은 발목에서 끈으로 묶었는데 이것을 대님이라고 한다. 대님으로 묶으면 활동하기도 편하고 보온성도 높일 수 있다.

또한 남자들은 외출할 때 모자를 썼는데 신분에 따라 달랐다. 양반은 갓을 쓰고 양반이 아닌 사람은 패랭이를 쓰고 다녔다.

남자 한복

두루마기

갓

패랭이

〈출처: 국립민속박물관〉

내용 확인하기

1. 다음을 읽고 맞으면 O, 틀리면 X표 하세요.

① 신분이 낮은 여자들은 치마에 따로 표시를 하였다. ( )

② 발을 따뜻하게 하기 위해서 버선을 신었다. ( )

③ 남성 한복의 조끼는 따뜻해지기 위해서 입던 옷이다. ( )

④ 한복의 고름은 지금 옷의 단추와 같은 역할을 한다. ( )

⑤ 일반 평민들은 빨간색 옷만 입을 수 있었다. ( )

2. 다음 설명에 해당하는 단어를 〈보기〉에서 찾아 쓰세요.

〈보기〉

갓	스란	장옷	대님	비단
동정	조끼	패랭이	쓰개치마	두루마기

① 양반이 아닌 남자들은 외출할 때 ( )을/를 쓰고 다녔다.

② 조선시대 양반 여자들의 치마에 금색 도장을 찍어 장식하는 것을 ( )이라고 한다.

③ 평민 여자들은 외출할 때 ( )을/를 썼다.

④ 남자들은 바지 발목에 ( )을/를 묶어 활동을 편하게 했다.

⑤ 남자들은 외출할 때 ( )을/를 입어 예의를 갖추었다.

생각하며 표현하기

1. 다음 두 옷을 보고 누가, 언제 입으면 좋을지 이야기해 봅시다.

①

②

〈출처: 국립민속박물관〉

2. 다음 사진은 '짚신'입니다. 한국 속담 중에 '짚신도 제짝이 있다'는 속담이 있는데 무슨 뜻인지 생각해 봅시다.

〈출처: 국립민속박물관〉

확인하기

1. 남자 한복 상의를 입는 순서를 이야기해 봅시다.

2. 폭이 넓은 한복 치마의 장점에 대해 이야기해 봅시다.

체험하기

1. 한복을 직접 입어 봅시다.

남자 한복 입는 순서:

속옷 → 바지 → 버선 → 저고리 → 조끼 → 마고자

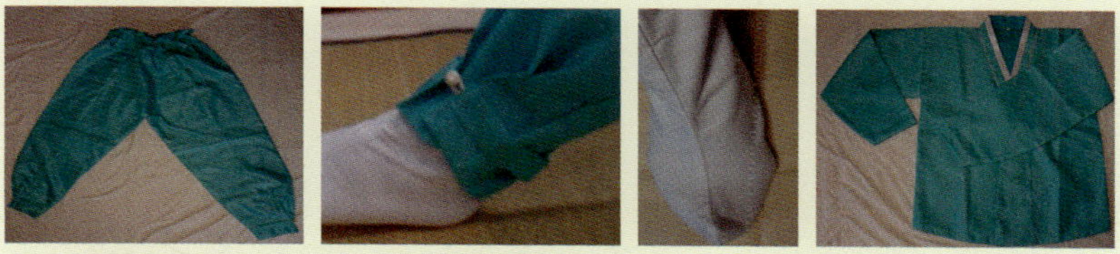

〈출처: 개인소장〉

여자 한복 입는 순서:

속옷(속바지 → 속치마) → 버선 → 치마 → 속적삼 → 저고리

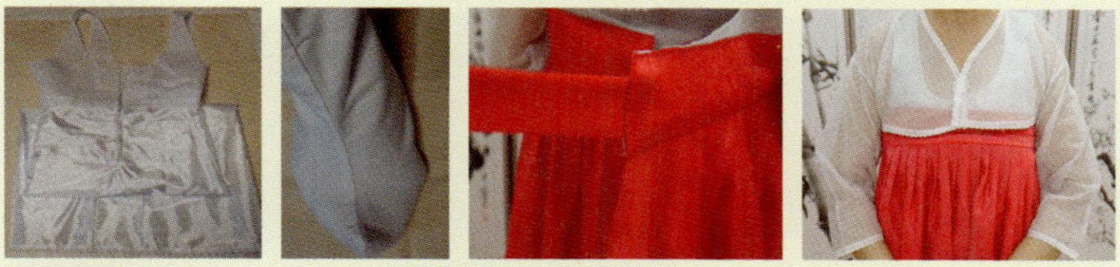

〈출처: 개인소장〉

2. 한복의 아름다움을 잘 표현하려면 어떤 자세로 사진을 찍으면 좋을까요? 사진을 예쁘게 찍고 친구에게 보여 주세요.

6강 요즘 한복은 언제, 어떻게 입어요?

20세기가 되면서 한복은 새롭게 변화하였다. 옛날의 한복들이 현대 도시사회에서 불편했기 때문이다. 그래서 1990년대에 '생활한복'이라는 새로운 한복이 나타났다. 생활한복은 현대 한국 사람들이 일상생활을 할 때 활동하기 편리하게 만든 실용적인 한복을 말한다.

생활한복의 특징은 한복이 가지고 있는 아름다움도 잘 표현하면서 실용적인 면도 가지고 있다는 것이다. 여자의 전통 저고리는 소매통이 넓고 저고리 길이도 매우 짧았다. 전통 치마 역시 폭이 넓어서 일을 하는데 불편했다. 그런데 생활한복의 저고리는 소매통도 적당하고 저고리 길이도 길어서 활동하기에 편리해졌다. 치마 역시 적당한 길이로 아름다움까지 가지고 있다. 남자 바지에서 발목에 묶던 대님도 단추로 바뀌거나 바지통이 좁아져 대님이 필요 없는 바지가 만들어졌다. 또 비싼 옷감이 아닌 천연섬유를 사용하고 색깔도 자연 염색을 하여 웰빙이나 친환경적인 것을 찾는 사람들에게 인기가 많다.

SNS가 발달함에 따라 한국에 여행을 오는 관광객들 사이에서 한복을 입고 유명 관광지에 가서 사진을 찍는 것이 유행하게 되었다. 관광객뿐만 아니라 한국 여성들 사이에서도 SNS에 인증 사진으로 올리기 위해 한복을 입는 사람들이 많아졌다. 그래서 한국의 유명한 관광지 근처에 한복을 빌려주는 가게들이 많이 생겼다.

그리고 결혼을 할 때 서양의 웨딩드레스 대신에 한복 드레스를 찾는 사람도 많아지고 있다. 남들과 똑같은 드레스나 턱시도를 입지 않고 한복 드레스와 두루마기를 입기를 원하는 사람들도 생겨나고 있다.

〈출처: 개인소장〉

내용 확인하기

1. 다음을 읽고 맞으면 O, 틀리면 X표 하세요.

① '생활한복'의 색깔은 밝고 화려하다. ( )

② 남자 한복 바지에서 대님은 단추로 바뀌었다. ( )

③ 웨딩드레스보다 한복 드레스를 찾는 사람이 더 많다. ( )

④ 한복을 편리하게 입기 위해 생활한복이 만들어졌다. ( )

⑤ SNS에 사진을 올리기 위해 한복을 입는 사람이 많아졌다. ( )

2. 최근 한국 사람들이 한복을 즐겨 입지 않는 이유를 설명해 봅시다.

생각하며 표현하기

1. 다음 글을 읽고 물음에 답하세요.

[명인을 만나다] 33년 한복 외길, 한 땀 한 땀 전통을 짓다.

'한복'은 한국 민족의 역사와 얼이 담긴 고유한 의상이다. 하지만 시대의 흐름에 따라 고유의 한복은 본래의 기능을 상실하고 의례복의 역할만 이어오고 있는 실정이다.
이러한 상황에서도 어느덧 3대째 한복을 만들고 있는 사람이 있다. 어머니의 삯바느질을 보고 자란 정금주한복연구실의 정금주 대표가 그 주인공이다. (중략)
과천에서만 33년째 한복을 지어온 그녀는 이 손이 재산이라며 웃어 보인다. "세 자매 중 둘째인데 7~8살 때부터 어머니 일을 잘 도왔어요. (중략) 어머니 곁에 맴돌면서 바느질을 돕고 따라하기 시작했어요." (후략)
실과 바늘이 자연스럽게 한 패가 되듯 정금주 대표도 자연스럽게 바느질에 빠져들었다. "어머니는 한복을 짓는 게 힘든 걸 아시니까 '너는 바느질을 안 했으면 좋겠다.'라고 말리셨지만 '엄마, 이건 제가 좋아서 하는 일이에요.'라고 안심을 시켰지요. 그게 진심이거든요."
은은하고 단아한 한복이 정금주 대표의 손길을 거쳐 세상과 만나고 전통을 이어간다. (후략)

〈출처: 이투뉴스(2021.2.4.), 이종도 기자〉

① 이 기사에 나오는 사람처럼 여러분 고향에서 대를 이어 전통을 지키는 사람에 대해 조사해 봅시다.

② ①번에서 조사한 것 외에 여러분 고향의 전통 중에서 대를 이을 만한 가치가 있는 전통을 소개해 봅시다.

확인하기

1. 생활한복을 찾아보고 모양과 색깔을 설명해 봅시다.

2. 여러분 고향에도 전통 의상이 현대에 맞게 바뀌었습니까? 다른 나라 친구들에게 설명해 봅시다.

3. 어떻게 하면 현대에도 한복을 자주 입을 수 있을지 생각해 봅시다.

체험하기

1. 한복을 입어본 적이 있습니까?

예

언제, 어디서 입었습니까? 한복을 입고 무엇을 했습니까? 한복을 입었을 때 기분이 어땠습니까?

아니오

가장 입고 싶은 한복은 어떤 한복입니까? 그 한복을 어디에서 봤습니까? 그것을 입고 무엇을 하고 싶습니까?

2과

한국에는 몇 가지의 맛이 있을까요?

한 나라의 식생활과 음식문화는 자연적인 배경과 사회·문화적인 환경이 함께 어우러져 형성됩니다. 한국은 삼면이 바다로 둘러싸여 있고, 북쪽은 대륙과 연결되어 있습니다. 그리고 여름에는 고온다습하고 겨울에는 한랭건조한 날씨를 보여 사계절이 뚜렷하게 존재합니다. 이러한 특징으로 인해 지역마다 식품이 다양하게 생산되었으며 그 특징을 살린 음식들이 발달하는 계기가 되었습니다.

한국 음식은 농업이 시작되었던 시기부터 통일신라시대까지 새로운 재료와 조리 용구들을 이용한 식품들이 많이 생겨났습니다. 그 후 고려시대에 전반적인 식생활 문화가 체계화되었고, 조선시대에는 다른 나라에서 전래되거나 수입된 식품들을 기후와 토양에 알맞게 전파하여 재배하였습니다.

한국 음식은 우수한 발효식품들이 많고 계절과 절기에 맞게 만들어 먹는 음식들이 삼국시대 이전부터 지금까지 전해져 오고 있습니다. 그리고 각 지역에서 생산되는 특산물을 활용한 독창적인 지역 음식이 많고 참기름, 파, 마늘, 생강과 같이 갖은 양념으로 사용할 수 있는 향신료의 종류도 풍부해서 여러 가지 다양한 맛을 내는 음식들이 생겨났습니다.

학습목표

1. 한국의 대표적인 발효식품을 알 수 있습니다.
2. 각 지역의 대표 음식을 소개할 수 있습니다.
3. 한국 전통 디저트를 먹어 보고 추천할 수 있습니다.

문화단어장

- 다식 :
- 담그다 :
- 면역 :
- 미수 :
- 발효 :
- 버무리다 :
- 숙성 :
- 젓갈 :
- 정과 :
- 해초 :

7강 밥상에 빠지지 않는 음식이 있어요.

한국 음식은 쌀을 위주로 하여 지은 밥을 주식으로 한다. 국이나 찌개 등 국물이 있는 음식을 부식으로 하고 김치를 기본으로 채소류와 어류, 육류를 조리하여 반찬으로 활용한다. 이러한 한국 음식에는 발효 음식이 많다. 대표적인 발효 음식으로 김치와 고추장, 된장, 간장 같은 장류, 젓갈류 등이 있다.

발효 음식은 사람들에게 좋은 영양을 제공하고 건강을 유지하는 데 큰 도움을 준다. 발효 과정에서 생긴 좋은 균들이 우리의 몸속에서 나쁜 균을 죽이고 면역을 강화해서 질병을 막아주기 때문이다. 또한 발효 음식은 저장 기간이 길다. 김치의 경우 배추나 무 같은 채소를 신선한 상태로 보존하기란 쉬운 일이 아니지만 김치의 형태로 바꾸면 몇 달 동안 신선하게 보존할 수 있다. 특히 장류나 젓갈류는 김치보다 보존 기간이 길고 시간이 지날수록 더 깊은 맛을 낸다.

우리나라의 대표적인 발효 음식인 김치는 예부터 채소류가 나지 않는 겨울철에 주로 많이 담갔다. 배추, 무, 오이 등의 채소에 젓갈과 소금으로 간을 하고 고추, 마늘, 파, 생강 등의 양념에 버무려 만든다. 주재료와 만드는 방법에 따라 통김치, 깍두기, 열무김치, 동치미, 오이소박이 등 그 종류도 다양하다. 이때 사용하는 젓갈 역시 발효 음식으로 어패류에 소금을 넣어 숙성시킨 것이다. 짠맛과 감칠맛이 어우러져 고유의 맛과 향을 내며 김치를 담글 때 맛을 좌우하는 중요한 양념이 된다. 뿐만 아니라 김치의 영양소가 잘 흡수되게 돕고 김치가 시어지는 것을 막아주는 역할도 한다.

우리나라를 대표하는 발효 음식 중 빼 놓을 수 없는 것이 한 가지 더 있다. 바로 간장, 된장, 고추장과 같은 장류이다. 『삼국사기』에 따르면 신라시대의 폐백 품목의 하나였을 만큼 한국 음식에서 중요한 것이었음을 알 수 있다. 또, 집집마다 장맛이 그 집의 음식 맛을 좌우한다고 할 만큼 가정에서도 중요한 음식이었다. 단백질을 제공하여 쌀에 부족한 영양분을 보충해 주었을 뿐만 아니라 여러 가지 음식에 사용되어 음식의 다양한 맛을 내기 때문이다.

〈출처: 한국민족문화대백과사전〉

내용 확인하기

1. 다음을 읽고 맞으면 O, 틀리면 X표 하세요.

① 김치는 주로 가을에 담갔다. ( )

② 발효 음식은 저장 기간이 짧다. ( )

③ 장류는 신라시대의 폐백 품목 중 하나였다. ( )

④ 한국 음식은 주식, 부식, 반찬으로 나눌 수 있다. ( )

2. 다음 글의 빈칸에 알맞은 단어를 〈보기〉에서 찾아 쓰세요.

〈보기〉

감칠맛	김치	반찬	발효 음식	양념
영양분	장류	젓갈	주식	향

한국 음식 중 대표적인 발효 음식으로 (①)와/과 (②)이/가 있다. (①)은/는 채소에 (③)와/과 소금으로 간을 하고 (④)에 버무려 만든다. (②)은/는 단백질을 제공하여 쌀에 부족한 (⑤)을/를 보충해 주었다.

생각하며 표현하기

1. 아래의 사진은 '수박김치'입니다. 재료로 무엇이 필요합니까? 그리고 그 맛은 어떨지 이야기해 봅시다.

〈출처: 개인소장〉

2. 여러분의 고향 음식 중에서 한국의 김치와 잘 어울리는 재료가 있습니까? 그 재료와 김치를 활용하여 새로운 메뉴를 개발해 봅시다.

확인하기

1. 여러 종류의 김치를 주재료별로 정리하여 이야기해 봅시다.

2. 김치 중 한 가지를 선택해서 담그는 과정을 설명해 봅시다.

3. 간장, 된장, 고추장을 이용하여 만든 음식 중 맛있었던 음식을 소개해 봅시다.

체험하기

1. 한식 요리에 쓰이는 여러 장류 중 매콤하고 얼큰한 맛을 내는 대표적인 양념으로 고추장이 있습니다. 고추장을 직접 만들 수 있는 곳을 찾아가 체험해 봅시다.

① 고추장을 만드는 재료는 무엇인가요?

② 고추장을 만드는 과정을 설명해 봅시다.

③ 고추장을 만들면서 가장 어려웠던 점은 무엇입니까?

④ 한국 속담에 '아이들이 고추장 먹고 운다'는 말이 있습니다. 무슨 뜻일지 이야기해 봅시다.

8강 골라먹는 재미 한번 느껴 보실래요?

한국 음식은 계절과 지형, 삼면이 바다인 여건으로 인해 지역마다 특산물이 다양하게 생산되었고 자연스레 그 지역의 음식으로 발전하였다. 북쪽 지역의 경우 산이 많아 밭농사를 하여 잡곡밥을 주로 먹었으며 육류와 생선류를 구하기 어려웠기 때문에 절인 생선이나 말린 생선, 말린 해초를 이용한 음식이 많았다.

지역마다 음식의 맛도 달랐는데 여름이 짧고 겨울이 긴 북쪽 지역은 음식의 맛이 싱거운 편이었다. 반대로 남쪽 지역은 젓갈이나 양념류를 많이 사용하여 음식의 맛이 맵고 짰다. 강릉 감자옹심이, 언양 한우불고기, 하동 재첩국, 부산 동래파전, 마산 아귀찜, 통영 충무김밥 등은 이러한 지역적 특징이 잘 반영된 음식이라고 할 수 있다.

헛제삿밥

〈출처: 한국민속대백과사전〉

그 중 하나로 안동의 '헛제삿밥'이 있다. 유교 문화가 퍼져 있던 안동에서는 조상을 잘 모시는 일을 가장 큰 책임이라고 여겨서 제사를 매우 중요하게 생각했다. 사람들은 함께 제사를 지낸 후에 둘러앉아 제사상에 올랐던 음식을 나누어 먹었고 제사를 지낸 나머지 음식으로 비빔밥을 만들어 먹었다. 그러다가 이러한 풍습을 이어 제사상에 올라가는 음식을 그대로 마련하여 먹기 시작했다. 제사가 없을 때에는 제삿밥을 먹지 못하므로 평상시에 이렇게 음식을 차려 먹었던 것이다. 이렇게 상에는 오르지만 제사를 지내지 않은 이 음식들을 '헛제삿밥'이라고 한다.

헛제삿밥은 진주에도 전해지고 있는데 밥, 국, 3적, 3탕, 3색 나물, 쇠고기 육전, 조기 등이 차려지는 안동의 헛제삿밥과는 상차림이 다르다.

내용 확인하기

1. 다음을 읽고 맞으면 O, 틀리면 X표 하세요.

① 지역 음식은 계절과 지형에 따라 다르게 발전되었다. (　　)

② 북쪽 지역 음식은 말린 재료를 이용한 음식들이 많다. (　　)

③ 남쪽 지역 음식은 젓갈과 양념을 거의 사용하지 않는다. (　　)

④ 제사상에 올린 후에 차려 먹는 음식을 헛제삿밥이라고 한다. (　　)

2. 다음 음식을 관계된 지역에 맞게 연결하세요.

감자옹심이 •		• 강릉
동래파전 •		• 마산
아귀찜 •		• 부산
재첩국 •		• 안동
충무김밥 •		• 언양
한우불고기 •		• 통영
헛제삿밥 •		• 하동

생각하며 표현하기

1. 다음은 제주 흑돼지에 대한 글입니다. 읽고 물음에 답해 봅시다.

제주 재래 흑돼지는 일반 돼지보다 체구가 작고 몸 전체가 검은색 털로 덮여 있으며 코가 곧고 좁으면서 앞으로 길게 나온 것이 특징이다. 오랜 세월 제주 기후와 풍토에 잘 적응해 체질과 질병에 대한 저항성이 강한 품종으로 알려졌다. 이른바 '똥돼지'라고 불리는 제주 재래 흑돼지는 예로부터 돌담을 둘러 터를 잡은 변소인 통시 또는 돗통에서 사육됐다. 이 돼지는 각종 배설물과 음식 찌꺼기를 처리하고 농사에 필요한 퇴비를 생산하면서 돼지고기 생산까지 이어지는 다양한 역할을 했다. 제주의 통시에서 돼지가 섭취할 수 있었던 것을 토대로 현대의 영양학적 측면으로 볼 때 보릿겨, 조겨 등 강피류에 부족한 필수 아미노산의 결핍 및 칼슘보다 인 함량이 높아 정상적인 성장을 하지 못했을 것으로 추정된다.

〈제주일보(2020.10.12.), 제주 재래흑돼지의 유래와 활용가치〉

① 제주 재래 흑돼지가 자라는 환경에 대한 생각을 이야기해 봅시다.

② 제주 재래 흑돼지가 지역의 대표 음식이 된 이유에 대해 이야기해 봅시다.

확인하기

1. 한국의 지역 대표 음식을 더 찾아 이야기해 봅시다.

2. 한국의 지역 대표 음식 중 먹어보고 싶은 음식과 그 이유를 이야기해 봅시다.

3. 한국의 지역 대표 음식 중 여러분의 나라에서 인기가 많을 것 같은 음식은 무엇입니까? 그 음식과 이유를 이야기해 봅시다.

체험하기

1. 우리 지역의 대표 음식이 무엇인지 알아보고 친구들과 직접 먹어 봅시다.

① 우리 지역의 대표 음식은 무엇입니까?

② 어디에서 누구와 함께 먹었습니까?

③ 맛이 어땠습니까?

④ 다른 지역에서 친구들이 놀러온다면 소개해 주고 싶습니까? 그렇다면 왜 소개해 주고 싶은지, 그렇지 않다면 왜 소개해 주고 싶지 않은지 이야기해 봅시다.

9강 후식은 무엇으로 하시겠어요?

한국 음식에 든든한 주식과 다양한 부식만 있는 것은 아니다. 멋있고 맛있는 후식도 있다. 그 중 가장 뿌리 깊은 음식은 쌀이나 잡곡 등의 곡물을 찌거나 삶거나 지져서 만든 떡이다. 떡을 처음 만들어 먹기 시작한 시기를 정확하게 알기는 어렵지만 농사를 짓기 시작했을 때부터 이루어졌을 것이라고 짐작할 수 있다.

떡은 만드는 과정에 따라 종류나 형태가 다양할 뿐만 아니라 궁중의 떡, 사찰의 떡, 세시풍속을 기념하는 떡, 통과의례를 기념하는 떡 등으로 구분하여 차려 먹었다. 그 중 설날에 먹는 떡국이나 추석에 먹는 송편, 동지에 먹는 팥죽찹쌀경단은 지금까지도 이어지고 있다. 또 백 집에 나누어 먹어야 아이가 무병장수하고 복을 받는다 해서 이웃과 나누어 먹는 백일떡을 비롯하여 첫돌이나 회갑, 제사상에 정성스럽고 높게 떡을 쌓아 올리는 것은 지금도 변함이 없다.

수년의 세월 동안 역사와 전통을 지니며 지금까지 이어지고 있는 떡과 함께 잔치나 제사, 손님 접대 때 사용되었던 것이 전통 과자이다. 다른 나라의 과자와 구별하기 위하여 한과라고도 한다. 전통 과자 역시 만들기 시작한 시기는 정확히 알 수 없지만 주재료로 곡물이 이용되기 때문에 그 역사가 오래되었을 것으로 본다. 전통 과자는 과일이 나지 않는 계절에 곡식을 과일 모양으로 만들어 대신 사용한 것에서 비롯되었다고 전해진다. 모양이 아름답고 독특한 맛이 있으며 만드는 과정에서 많은 정성과 솜씨를 필요로 한다. 재료와 제조 방법에 따라 구분되어 유과, 강정, 다식, 정과, 엿 등으로 전해지고 있는 우리의 전통과자는 지금까지 많은 사람들의 간식으로 사랑받고 있다.

떡, 전통과자와 함께 상에 올랐던 전통 음료는 뜨겁게 마시는 음료와 차갑게 마시는 음료로 구분된다. 뜨겁게 마시는 음료는 차나무 잎을 가공하여 우려 마시는 차와 여러 가지 향약을 달여서 마시는 탕이 있다. 차는 맑은 물이 풍부하여 좋은 음료로 사용할 수 있었으나 조선시대 때 차를 충분히 생산할 수 없게 되면서 승려나 일부 사람만이 이용하게 되었다고 한다.

차갑게 마시는 음료는 재료에 따라 찹쌀미수, 보리미수, 진달래화채, 배숙, 수정과, 딸기화채, 수박화채 등 수십 가지의 기록이 있으나 엿기름을 이용하여 만든 식혜가 가장 대표적이라고 할 수 있다.

이 외에 장이나 갈수, 숙수 등 현재는 거의 잊힌 전통 음료도 있다.

〈출처: 개인소장〉

내용 확인하기

1. 다음을 읽고 맞으면 O, 틀리면 X표 하세요.

① 모든 전통 음료가 지금까지 사랑받고 있다. ( )

② 떡은 쌀이나 곡물을 찌거나 삶거나 짓찧어 만든다. ( )

③ 떡과 전통 과자를 만들어 먹기 시작한 시기가 같다. ( )

④ 전통 과자는 재료와 만드는 방법에 따라 이름이 다르다. ( )

2. 다음 글의 빈칸에 알맞은 단어를 〈보기〉에서 찾아 쓰세요.

〈보기〉

곡물	계절	떡국	백일떡
수정과	송편	식혜	재료
제조방법	찹쌀경단	형태	화채

즐겨먹는 후식의 종류로 떡과 전통 과자, 전통 음료가 있다.
먼저, 떡은 기념하는 날에 따라 먹는 종류가 달랐다. 설날에 먹는 (①), 추석에 먹는 (②), 동지에 먹는 (③)와/과 아이의 백일에 백 집에 나누어 먹는다는 (④)이/가 있다.
그리고 전통 과자는 (⑤)와/과 (⑥)에 따라 유과, 강정, 다식, 정과 등으로 구분된다. 전통 음료는 재료에 따라 다양한데 엿기름을 이용하여 만든 (⑦)이/가 대표적이다.

생각하며 표현하기

1. 아래의 그림은 김홍도의 〈씨름〉입니다. 씨름을 하는 사람들 옆에 엿 가락이 담긴 목판 양쪽을 천으로 묶어 목에 둘러 감고 있는 엿장수를 볼 수 있습니다. 엿장수는 사람들이 모이는 장소를 찾아다니며 "엿이야 엿이야 / 여~엇 장수가 왔어요 / 울릉도 호박엿 강원도는 옥수수엿 / 경기도 찹쌀엿 전라도는 쌀엿 / 판다 판다 엿을 판다…"라고 구성지게 소리치며 노래를 불렀습니다. 그때 엿장수가 불렀던 노래를 찾아 들어 보고 상황에 맞게 바꾸어 불러 봅시다.

확인하기

1. 떡을 만드는 방법에 따라 정리하여 이야기해 봅시다.

2. 여러 종류의 떡을 절기에 따라 정리해 봅시다.

3. 알고 있는 한국 전통 과자의 종류를 친구들과 이야기해 봅시다.

체험하기

1. 여러 곳에 한국 디저트 카페가 생겼고, 또 생겨나고 있습니다. 만약 여러분이 디저트 카페를 차린다면 어떤 메뉴로 운영하고 싶습니까? 메뉴와 가격표를 만들어 봅시다.

① 이렇게 데뉴를 구성한 이유는 무엇입니까?

② 가격을 정할 때 가장 중요하게 생각한 것은 무엇입니까?

③ 어떤 방법으로 카페 홍보를 할 계획입니까?

④ SNS를 통해 홍보를 한다면 어떤 메뉴를 부각시키고 싶습니까?

3과

한국인의 전통 주거문화에 대하여 알아봅시다.

집은 주변의 자연환경과 거주하는 사람들이 사는 방식에 맞게 만들어진 문화적 산물입니다. 집은 하나의 조형물 그 이상이며, 한 사회나 민족의 문화를 이해할 수 있는 척도가 됩니다. 그래서 주거문화라고 하면 집의 형태와 구조에서부터 공간 배치, 공간 사용에 따른 생활방식, 구성원의 관계에서 발생하는 예의범절, 가치관 등을 모두 포함합니다.

옛날 한국 사람들이 집을 지을 때 가장 중요하게 생각한 점은 바로 자연과의 조화입니다. 산을 등지고 물을 바라보는 곳에 집을 짓고, 주변에서 손쉽게 찾을 수 있는 재료를 이용했습니다. 짚, 나무, 돌, 흙과 같은 자연재료로 집을 지었기 때문에 사람이 살지 않게 되면 자연 속으로 다시 돌아가는 셈입니다.

집안에는 마루와 온돌을 설치해 여름과 겨울을 났습니다. 온돌은 취사하면서 동시에 난방도 해결할 수 있는 정교한 구조를 갖추고 있습니다. 한 번 불을 때면 오랫동안 따뜻했던 온돌은 한국인의 생활방식에 많은 영향을 미쳤습니다. 앉아서 생활하는 좌식문화가 대표적인 예입니다.

집은 당대 사람들의 가치관을 반영하기도 합니다. 특히 조선시대 양반의 집은 유교의 영향으로 남녀의 생활공간이 각각 분리되었습니다. 주거생활을 통해 남녀의 역할과 예의를 자연스럽게 배우고, 일상생활에서 효를 실천하였습니다.

학습목표

1. 한국 전통 집의 종류와 구조에 대해 말할 수 있습니다.
2. 한국인의 전통 주거생활방식을 이해하고 현대의 주거생활방식과 비교하여 말할 수 있습니다.
3. 한옥의 공간적 특성을 통해 한국인의 가치관을 이해할 수 있습니다.

문화단어장

- 기와집 :
- 너와집 :
- 마루 :
- 사랑채 :
- 아랫목 :
- 안채 :
- 온돌 :
- 초가집 :

10강 옛날 사람들은 어떤 집에서 살았을까요?

한국의 전통 집은 '한옥'이라고 한다. 한옥은 집을 짓는 재료, 특히 지붕의 재료에 따라 그 이름이 각각 다르다. 대표적인 한옥으로 초가집, 너와집, 기와집 등이 있다. 초가집과 기와집은 전국적으로 지어졌으며, 너와집은 나무가 많은 산촌에서 지어졌다.

초가집은 나무로 기둥을 세운 후 흙과 볏짚으로 벽을 만들고, 짚을 엮어서 지붕을 얹어 만든 집이다. 농사를 짓는 가난한 백성들이 초가집에서 살았다. 짚은 벼의 알맹이를 떨어낸 줄기를 말하는데, 속이 비어 있어 가볍다. 그 안에는 공기가 들어 있어서 여름에는 집안을 시원하게 하고, 겨울에는 집안의 공기가 밖으로 빠져나가지 않게 해준다. 하지만 짚은 불에 약하고, 비를 맞으면 벌레가 생기기 쉽고 잘 썩기 때문에 일 년에 한 번씩 새 짚으로 갈아 주어야 한다.

너와집은 너와로 지붕을 만든 집이다. 너와는 나무를 기와처럼 잘라 만든 것으로, 나뭇결이 바르고 잘 쪼개지는 소나무나 전나무를 이용하였다. 너와로 지붕을 잇고 바람에 날아가지 않도록 무거운 돌을 올려놓았다. 너와 사이에 틈이 있어 여름에는 바람이 잘 통하고, 겨울에 눈이 쌓이면 집안의 온기가 빠져나가지 않게 해서 따뜻했다. 주로 나무가 많은 산촌지역에 많았다.

기와집은 흙을 빚어 구운 기와를 한 장 한 장 포개서 지붕을 얹은 집을 말한다. 초가집에 비해 빗물이 새지 않고 썩지도 않으며 불에 잘 타지 않는다. 기와는 비싼 재료였기 때문에 신분이 높고 돈이 많은 양반이나 부자들이 사는 집이었다. 벼슬이 높거나 부자일수록 집을 크게 지었는데, 아무리 양반이라도 아흔아홉 칸이 넘게 짓지는 못했다. 임금이 사는 집보다 크면 안 되기 때문이었다. 또 기와에는 꽃, 사람, 글씨, 도깨비 등 여러 가지 무늬를 새기기도 하였다.

초가집

너와집

〈출처: 한국민족문화대백과사전〉

내용 확인하기

1. 한국의 전통 집에 대한 설명 중 올바른 것을 모두 골라봅시다.

① 기와는 흙으로 구워 만든다.

② 농사를 짓는 백성들은 주로 기와집에서 살았다.

③ 산간지역에서는 주로 초가집을 지었다.

④ 초가집은 볏짚으로 지붕을 만들었기 때문에 화재에 약하다.

⑤ 너와집은 나무와 돌을 이용하여 지은 집이다.

2. 한옥의 종류와 특징을 써 봅시다.

	지붕의 재료	특징
초가집		
너와집		
기와집		

생각하며 읽기

1. 한옥의 모양과 구조에 대한 글입니다. 지역마다 집의 모양과 구조가 다른 이유를 생각해 보고 각자 이야기해 봅시다.

한옥의 모양은 크게 ㅡ자형, ㄱ자형, ㄷ자형, ㅁ자형이 있다.
경상도와 전라도 등 남부지방의 집은 'ㅡ자형'으로 방과 마루 그리고 부엌이 옆으로 나란하게 붙어 있다. 더운 여름에 바람이 잘 통하도록 창문과 방문이 많은 것이 특징이다.
중부지방은 주로 'ㄱ자형'이 많은데, 남부지방에 비해 마루가 좁은 편이고 창문이 적다.
겨울이 길고 추운 북부지방은 'ㄷ자형', 'ㅁ자형'이 많다. 차가운 바람을 막고 집 안의 열이 빠져나가지 않도록 모든 공간이 붙어 있다. 그리고 모든 가사는 집 내부에서 해결할 수 있도록 'ㅡ자형'이나 'ㄱ자형'에 비해 공간이 많은 것이 특징이다.

ㄱ자형

ㅁ자형

ㄷ자형

〈출처: 알기 쉬운 한옥(신축)길잡이(2014), 서울특별시〉

확인하기

1. 다음 한옥에 대한 설명이 맞으면 ○표, 틀리면 ×표 합시다.

① 한옥은 자연재료로 지어져 친환경적이다. (　　)

② 너와집은 1년에 한 번씩 지붕을 교체해야 한다. (　　)

③ 기와집은 주로 양반이 살았는데 집의 규모는 원하는 대로 정할 수 있었다. (　　)

④ 북부지방은 방을 두 줄로 배열하여 차가운 바람이 들지 않도록 겹집구조로 집을 지었다. (　　)

2. 다음 사진 속의 사람은 무엇을 하고 있는지 이야기해 봅시다.

〈출처: 한국민족문화대백과사전〉

체험하기

1. 다음 글의 내용을 참고하여 사진 속의 한옥을 보고 느낀 점을 이야기해 봅시다.

전통한옥에는 자연을 대하는 한국인의 태도와 미의식이 담겨 있다. 집을 지을 때는 주변 자연과의 조화를 최우선으로 생각하였는데, 집의 공간도 자연의 일부로 생각했다. 자연과 어울리는 집을 만들기 위해 주변에 있는 자연재료를 이용하였다. 특히 나무나 돌은 인위적으로 가공하는 것이 아니라 본래의 형상 그대로 사용하여 직선보다는 둥글고 부드러운 곡선 형태가 많다. 자연과 조화하려는 옛사람들의 미의식이 잘 드러난다.

〈출처: 한국민족문화대백과사전〉

11강 여름은 시원하게, 겨울은 따뜻하게

한국은 사계절이 뚜렷하여 여름에는 덥고 겨울에는 춥다. 그래서 한국인은 집을 지을 때 집 뒤에 산이 있고 집 앞에는 물이 흐르는 지형을 좋아하였다. 산을 등지면 추운 겨울에 따뜻하고 연료를 구하기 쉽고, 집 앞에 물이 흐르면 농업용수나 식수 등을 해결할 수 있기 때문이었다. 특히 집안에는 마루와 온돌을 설치하였는데, 더운 여름에는 마루에서 지내고 추운 겨울에는 온돌에서 주로 생활하였다.

마루는 땅 바닥과 사이를 두고 넓은 나뭇조각을 깔아 놓은 곳이다. 보통 방과 방 사이, 또는 방 앞에 두었다. 마루의 앞쪽은 트여 있고 뒤쪽에는 창이나 문을 달았다. 마루 아래쪽은 땅과 떨어져 있어 습하지 않고 항상 선선하다. 그래서 문을 열어두면 앞, 뒤, 아래로 바람이 잘 통하여 더운 여름을 시원하게 보낼 수 있었다. 마루 아래는 통풍이 잘 되어 곡식이나 다양한 물건 등을 놓아두었다.

특히 마루는 식사부터 제사까지 크고 작은 집안 행사를 위해 가족이 모두 모이는 장소이다. 손님을 처음 맞는 곳이기도 하다. 개인적인 공간인 방과 방을 연결하면서도 집의 안과 밖을 구별하는 개방적인 공간이었다. 일상생활공간인 동시에 사회적 생활개념이 반영된 복합적인 기능을 하였다. 조선시대에는 마루의 크기를 신분에 따라 제한하였는데, 가문의 권위를 상징하는 중요한 곳이기도 했다.

온돌은 추운 겨울을 나기 위한 난방 시설이다. 방에 큰 돌을 놓고 흙으로 덮은 다음 아궁이에 불을 때면 방바닥이 따뜻해진다. 아궁이는 부엌에서 가마나 솥 등에 불을 때기 위해 만든 구멍으로, 여기에서 불을 때면 방 밑이 따뜻해진다. 방 밖에서 불을 때고 연기는 굴뚝을 통해 나간다. 온돌은 돌로 만들었기 때문에 아궁이의 불이 꺼져도 오랫동안 따뜻하여 오늘날 보일러와 같은 역할을 하였다.

온돌은 한국인의 일상생활에 많은 영향을 주었다. 따뜻한 온돌로 인해 실내에서 신발을 신지 않게 되었고 대부분의 일상을 방 안에서 보내면서 좌식생활을 오래 하게 되었다. 좌식생활로 인해 방 안의 가구 높이가 낮아지고 의자나 침대를 사용할 필요가 없어졌으며, 윷놀이, 가야금 연주와 같이 앉아서 하는 놀이문화가 발달하였다. 앉아서 생활하기 편하게 한복의 품도 넉넉해졌다. 또 온돌은 집안의 예절문화에도 영향을 주었다. 아궁이와 가까운 쪽 방바닥은 아랫목으로 가장 따뜻한 곳이다. 손님과 웃어른을 대접할 때는 그 자리를 구분하였다.

오늘날, 전통 한옥에 사는 사람은 많지 않다. 하지만 옛날의 생활방식은 그대로 남아 있다. 신발을 벗고 집에 들어가는 문화, 좌식문화가 그러하다. 현대식 아파트의 온돌식 난방도 여전히 인기를 끌고 있다. 또 옛날의 마루는 거실이 그 기능을 대신하고 있다.

마루

〈출처: 한국민족문화대백과사전〉

내용 확인하기

1. 온돌과 마루에 대한 설명 중 올바른 것을 모두 골라 봅시다.

① 집안의 중요 행사나 대사는 마루에서 이루어졌다.

② 온돌의 크기는 가문의 권위를 상징한다.

③ 온돌은 난방과 취사가 동시에 가능한 난방장치이다.

④ 마루는 곡식이나 물건을 상하지 않게 보관하는 장소이다.

⑤ 온돌은 상황에 따라 다양한 역할을 하여 공간 활용의 효율이 높다.

2. 마루는 다목적 공간으로 다양한 기능을 합니다. 마루의 기능에 대해 써 봅시다.

3. 여러분 나라의 전통 냉방장치와 난방장치에 대해 이야기해 봅시다.

생각하며 이해하기

1. 다음 뉴스를 보고 온돌의 구조와 원리에 대하여 알아봅시다.

불과 열을 다스리는 기술, 온돌의 원리

한반도 주거문화에 혁명을 가져온 온돌
아궁이에서 열이 발생하여 굴뚝으로 빠져 나가기까지 어떻게 열이 오랫동안 온돌에 남아 있는지 온돌의 과학적인 원리를 알아보고 온돌을 통해 선조들의 지혜에 대해 알아본다.

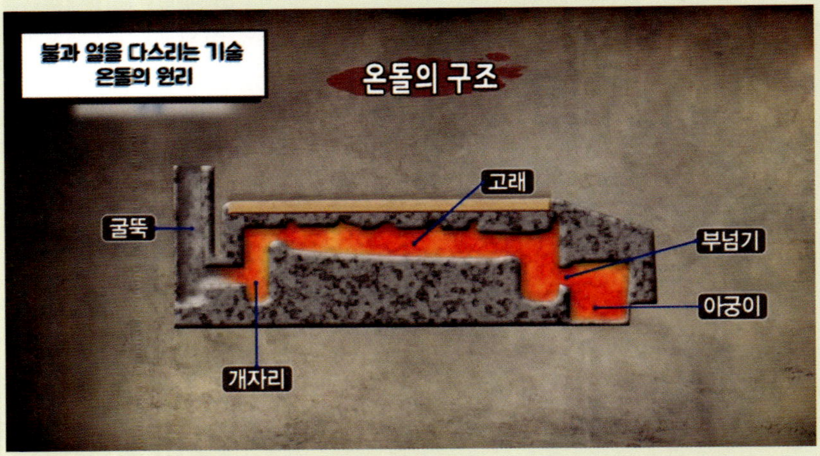

〈출처: YTN 사이언스(2016.11.14). 불과 열을 다스리는 기술, 온돌의 원리(10:57:43)〉

2. 온돌문화의 장점과 단점에 대해 써 봅시다.

확인하기

1. 온돌의 보급은 한국인의 일상생활에 많은 영향을 주었습니다. 어떤 영향을 주었는지 이야기해 봅시다.

2. 한국인은 배산임수(背山臨水)의 지형에 집을 지었습니다. 그 이유가 무엇인지 써 봅시다.

3. 여러분 나라에서 집을 지을 때 가장 중요하게 생각하는 것은 무엇입니까? 한국과 비교하여 이야기해 봅시다.

체험하기

1. 다음 글을 생각하며 읽어 봅시다.

외국인의 시선으로 본 조선의 가옥과 온돌

고관들의 집은 아주 훌륭하지만 사람들의 집은 보잘것없습니다. 그들은 자기 마음대로 집을 지을 수 없으며 관청의 허가 없이는 기와도 올리지 못합니다. 따라서 대부분의 집은 나무껍질이나 볏짚 따위로 지붕을 잇습니다. 집들은 대단히 밀집되어 있습니다만 흙담이나 나무울타리로 서로 칸을 막습니다. 집은 나무기둥을 씁니다. 벽의 아랫부분은 돌로 쌓아 올리고 윗부분은 가는 나무를 엮은 위에 안팎으로 흙을 칠한 다음 안쪽에는 그 위에 백지를 바릅니다. 방바닥은 바닥 전부가 일종의 난로로 되어 있어, 겨울이 되면 거기에다 불을 때고 방을 따뜻하게 합니다. 따라서 그것은 방이라기보다는 온실이라 하는 것이 더 적당할 것입니다. 가옥은 단층이지만 작은 다락방이 있어 그들은 그 속에다 자질구레한 물건들을 집어넣습니다.

〈출처: 핸드릭 하멜 저, 신동운 역. 『하멜표류기』 중 조선국에 관한 기술〉

2. 한국의 온돌을 경험한 적이 있습니까? 윗글처럼 자신의 경험을 써 봅시다.

3. 오늘날에도 온돌문화는 계속 이어지고 있습니다. 온돌을 적용한 사례를 찾아 이야기 해 봅시다.

12강 남자와 여자가 따로 생활했다고요?

옛날 사람들은 한옥을 지을 때 주변 자연환경과의 조화를 가장 중요하게 생각하였다. 나무, 흙, 짚, 돌과 같은 친환경 재료를 사용하고 땅의 모양에 따라 집을 지었다. 주변의 지세에 따라 집을 짓다 보니 집의 구조가 자유분방하고 비대칭적이다.

하지만 한옥의 내부 공간은 성별, 신분, 기능에 따라 엄격하게 분리되었다. 특히 조선시대, 양반이 살던 한옥은 유교의 영향을 많이 받았다. 장유유서長幼有序, 남녀유별男女有別 등 삼강오륜三綱五倫의 유교사상이 집의 공간에 반영되었다.

한옥은 채건물와 마당으로 구성된다. 채는 안채, 사랑채, 행랑채가 있다. 하나의 채에는 방, 온돌, 마루가 함께 붙어 있다. 마당은 집의 앞, 뒤에 반반하게 닦아 놓은 땅을 말한다. 마당은 비어 있는 공간으로 다양한 기능을 가지고 있다. 주로 일을 하거나 모임이나 놀이를 하는 공간이었다. 또 결혼식이나 장례와 같은 집안 행사를 마당에서 하였다. 이웃과 만나고 소통하는 공간이자 노동의 공간이었다.

안채는 집안의 여자가 사용하는 공간이다. 집의 대문으로부터 가장 안쪽에 있다. 안채의 안방은 집안에서 가장 중요한 공간으로 시어머니와 며느리가 생활하는 곳이다. 출산, 일상생활, 가사, 취미생활 등 집안의 크고 작은 일은 모두 이곳에서 했다. 무엇보다 가족 이외의 남자는 출입이 금지되었다.

사랑채는 집안의 가장인 남자 어른의 공간으로, 집의 가장 바깥쪽에 있다. 잠을 자거나 식사를 하고, 글을 읽거나 자녀를 교육하는 곳이다. 또 이웃이나 친척과의 친목 장소이며, 외부 손님에게 숙식을 제공하는 곳이기도 하다. 한옥의 바깥 부분인 대문 옆에는 행랑채가 있다. 이곳은 하인이나 지나가는 손님이 머무는 곳인데, 외부로부터 방어적인 기능을 하였다. 한옥의 본채인 안채나 사랑채와는 담장으로 구분하고 지붕의 높이 또한 낮게 지어 신분에 따라 공간을 분리하였다.

이와 같이 한옥의 공간은 남녀, 신분에 따라 구분되었다. 공간의 분리를 통해 가족 내 위계질서를 유지하였다. 딸은 안채에서 살림살이와 예절을 배우고, 아들은 사랑채에서 할아버지와 아버지를 통해 학문을 연마하고 예절을 익혔다. 공간 사용을 통해 일상생활 속에서 자연스럽게 유교 이념을 실천하였다.

한옥의 안채

〈출처: 한국민족문화대백과사전〉

내용 확인하기

1. 한옥의 공간구조에 대한 설명이 올바른 것을 모두 골라 봅시다.

① 조선시대의 한옥은 유교사상의 영향으로 신분이나 계층, 남녀에 따라 생활 공간이 각각 분리되었다.

② 할아버지는 집안의 최고 어른으로 안채에서 생활하였다.

③ 부부는 사랑채에서 함께 식사하고 생활하였다.

④ 가장이 학문적 · 사회적 교류를 위해 손님을 접대했던 방은 행랑채이다.

⑤ 마당은 관혼상제나 집안의 경사 등 의례생활이 이루어지는 경우가 많아 평소에는 비어 있는 공간이다.

2. 다음 빈칸에 알맞은 단어와 내용을 써 봅시다.

이름	주 사용자	공간의 목적
	남자	학문, 자녀교육, 정치적 · 사회적 교류
안채		
	하인	

생각하며 읽기

1. 다음 글을 생각하며 읽어 봅시다.

조선시대의 전통 주거생활에 가장 강력하게 영향을 준 유교 이념은 남녀유별과 장유유서이다. 가부장적 대가족제도로 삼대 이상이 함께 살았는데, 남녀유별에 따라 생활공간을 분리하고 장유유서에 따라 공간을 사용하고 생활 윤리를 철저히 지켰다.
조선시대의 가족은 부부중심이 아니라 가문중심이었다. 아버지와 아들은 같은 채를 사용하면서 장유유서에 따라 방의 격을 달리하였다. 큰 사랑방은 아버지가, 작은 사랑방은 아들이 사용하는데 방의 크기, 천장의 높이 등에 차이를 두었다.
안채에서도 시어머니, 큰 며느리 순으로 방을 정하고, 방의 규모도 시어머니가 사용하는 방이 더 컸다. 이들보다 아랫사람은 형편에 따라 공간을 사용하였다. 안채에서 며느리는 시댁의 가풍을 익히고 살림을 배우고 자녀를 낳아 기른다. 주부로서 손색이 없다고 인정받았을 때 집안의 열쇠꾸러미를 인계받았다.
장유유서의 원리가 가장 강하게 적용된 것은 식사 공간의 사용이다. 안방에서 남자 가족들도 식사를 했는데 남녀가 따로 하고 부모나 연장자의 행동 지침에 의해 식사를 하였다. 이에 식사예절도 엄격하였는데 부친이나 연장자와 식사를 할 때 함부로 움직이거나 말을 하면 안 되고, 불편한 소리를 내면 안 된다.

〈출처: 김자경(2015), 『전통 주거에서 배우는 웰빙 주생활』 중에서〉

2. 여러분 나라의 주거생활에서 가장 중요한 요소는 무엇인지 한국의 경우와 비교하여 이야기해 봅시다.

확인하기

1. 조선시대 양반의 주거생활에 대한 설명 중 올바른 것을 모두 골라 봅시다. 잘못된 내용은 바르게 고쳐 봅시다.

① 아들은 아버지와 같은 방을 사용하였다.

② 시어머니는 안채에서 생활하며 며느리의 교육을 담당하였다.

③ 집안에서의 서열에 따라 방의 규모가 달랐다.

④ 식사는 안채에서 가족 모두 같은 상에서 함께 하였고, 식사예절이 엄격하였다.

2. 전통 한옥의 마루와 현대 주택의 거실 사진입니다. 기능과 형태에서 같은 점과 다른 점을 각각 생각해서 이야기해 봅시다.

〈출처: 한국민족문화대백과사전〉

〈출처: 개인 소장〉

체험하기

1. 안동 하회마을과 경주 양동마을은 2010년 유네스코 세계유산으로 등재된 한국의 역사마을입니다. 가고 싶은 한옥마을에 대해 조사한 후, 친구에게 소개하는 글을 써 봅시다.

〈출처: 국립민속박물관 한국민속대백과사전〉

2. 인터넷으로 한옥 온라인전시관(예: 서울한옥포털, 북촌한옥청)을 방문하여 과거와 현대의 한옥을 찾아보고, 그 느낌을 이야기해 봅시다.

4과

예의문화에 대하여 알아볼까요?

예의는 사회생활과 인간관계에서 필수적으로 갖추어야 할 몸가짐과 말투를 말합니다. 유교에서 예는 인간이 지켜야 할 근본적인 도리, 즉 바른길이라고 합니다. 그래서 예는 실천적이고 구체적인 행동을 통해 표현해야 합니다.

예의문화라고 하면 일상생활의 모든 예의와 규범, 그리고 그에 맞는 절차를 모두 포함합니다. 시대마다 사회마다 고유의 문화와 정서, 규범 등에 따라 공동체 사회 질서를 유지하기 위한 예의와 그 절차가 다릅니다. 특히 한국은 예로부터 유교문화의 영향을 받아 일상생활에서 관혼상제(冠婚喪祭)에 이르기까지 상황에 따라 지켜야 할 예의와 그 절차가 다릅니다.

예절은 예의와 범절을 함께 이르는 말로, 나와 남이 함께 조화를 이루며 공존하기 위한 생활의 약속입니다. 또 사회적 질서의 규범이고 행동의 표준 절차입니다.

예절에서 가장 중요한 것은 자기관리입니다. 이는 자기 스스로에게 예를 갖추는 것에서 시작하며 그 본질은 정성스러운 마음, 즉 자기 수양에 있습니다. 다음으로 중요한 것은 대인관계입니다. 남을 대할 때 내가 먼저 상대를 공경하고 사랑하는 마음을 가지면 상대방은 편안함을 느끼게 되고 그 결과 나 자신도 기쁨을 얻게 됩니다(한국여성교양학회 예절연구회편, 2015: 17).

현대에 와서 한국의 전통 예의문화는 그 형식과 절차가 간소화되거나 사라진 경우도 많습니다. 하지만 여전히 한국인의 생활 속에 다양한 언어문화나 행동문화로 남아 있어 한국인의 생각과 행동에 영향을 미칩니다.

학습목표

1. 예(禮)의 의미를 알 수 있습니다.
2. 한국 사회에서의 예절의 특징을 알 수 있습니다.
3. 여러분 나라의 예의생활과 비교하여 말할 수 있습니다.

문화단어장

- 경애 :
- 교류 :
- 규범 :
- 남존여비 :
- 명분 :
- 무례 :
- 범절 :
- 수기 :
- 제천의례 :

13강 예의범절이란 무엇일까요?

한국의 전통 예절은 가족 단위의 농경 사회에 뿌리를 두고 있어 가족 간, 이웃 간, 친구 등 가까운 관계에서 지켜야 하는 예절이 발달되었다. 이는 예절의 배경이 되는 유교 사상이 인간 윤리에 뿌리를 둔 예禮를 중시하였기 때문이다.

'예의'는 사람과 사람 사이에서 이루어지는 관계 속에서 인격을 존중하고 경애하는 정신을 말한다. 또한 공동생활에서 조화와 질서를 나타낸다. '범절'은 인간 사회에서 지켜져 오는 인간관계를 원만히 하고 사회생활을 원활하게 하기 위해 만들어진 모든 일의 순서와 절차를 말한다(박광옥, 2010: 8). 예절은 공동생활을 함에 있어 상호간에 '예'를 지킴으로써 자신에게는 떳떳하고, 남에게는 경애하는 마음으로 기쁨을 주어 구성원 모두가 함께 조화를 이루며 명랑한 사회를 만들고 화합하는 데 목적이 있다.

예절에서 바른 마음과 정신은 정신적인 면이라고 할 수 있다.

즉 정성·공경·사랑을 갖추는 것이다. 예절이 표현되는 방식으로, 좋은 표정을 짓는 것과 같은 자기관리부터 직장에서 상사를 대하는 적절한 태도에 이르기까지 생활 전반에서의 행동 양식은 예절의 형식적인 면을 의미한다(박광옥, 2010: 11).

유교에서 최고 윤리로 간주되고 있는 인仁은 '어질다', '인자하다'로 해석된다. 인仁을 풀어 보면 '사람人이 둘이서二 서로 의지하다'라는 뜻으로 한국인의 정신은 인의 정신이라고 한다(조효순, 2005: 36). 그래서 '우리'라고 말하는 것이다. 그러면 '우리仁'가 되려면 어떻게 해야 할까? 남을 사랑해야 한다. 남을 사랑하려면 사욕이나 이기심을 버려야 한다. 이기심을 버리려면 예절을 실천해야 한다.

『맹자』의 「공손축장公孫丑章」에 나오는 사단설四端說을 살펴보면, "측은지심惻隱之心, 수오지심羞惡之心, 사양지심辭讓之心, 시비지심是非之心이 없으면 사람이 아니다."라고 하였다. 측은지심은 측은해 하는 마음이며 인仁의 시작이고, 수오지심은 부끄러워하는 마음이며 의義의 시작이고, 사양지심은 사양하는 마음이며 예절의 시작이고, 시비지심은 잘잘못을 가리는 마음이며 지혜의 시작이다.

사단설 중에서 '예절의 시작은 사양하는 마음'이라는 것이다. 사양하는 마음이 있어야 욕심을 억제할 수 있으므로 예절을 실천하려면 사욕을 억제하게 되는 것이다(김득중, 2015: 41). 유교사상에 뿌리를 둔 한국의 예절은 수신 예절이 강조되어 왔으며 정성과 존경, 사랑으로 자신을 다스리는 것이다.

내용 확인하기

1. 『맹자』의 「공손축장(公孫丑章)」에 나오는 사단설(四端說)의 뜻을 이야기해 봅시다.

   ① 측은지심(惻隱之心)

   ② 수오지심(羞惡之心)

   ③ 사양지심(辭讓之心)

   ④ 시비지심(是非之心)

2. 예절에서 중요하게 생각되는 것을 세 가지로 이야기해 봅시다.

   ① 자기관리 곧 수신예절(수기)

   ② 대인관계(치인)

   ③ 우리 모두에게 관련되는 것

생각하며 표현하기

1. 한국은 엄격한 신분 사회에서 상하 관계의 수직적인 예절이 발달해 왔습니다. 여러분이 가장 이해하기 어려운 언어 예절은 무엇입니까?

2. 한국 예절 중 여러분이 가장 어렵다고 느끼는 행동 예절은 무엇입니까?

3. 여러분 나라의 예절 표현에 대하여 한국의 경우와 비교하여 이야기해 봅시다.

확인하기

1. 본문 내용을 기억하며 다음 단어들을 활용하여 짝과 함께 문장을 만들어 봅시다.

예의	교류	상대방	존중	공동생활
조화	질서	인격	경애	촉진
규범	범절	인간관계	원만	사회생활
절차	핵심	화합	순서	떳떳하다
명분	마음	정직	정성	자신감
공경	격식	언행	형식	더불어

예)

① 예의는 상대방을 존중하는 것입니다.

②

③

체험하기

1. 한국에서는 상대나 상황에 따라 경어를 다르게 사용합니다. 아래의 표를 활용하여 교수님께 어떻게 이야기하면 좋을지 문장을 만들어 봅시다.

경어	뜻	예
존경어	높임말, 사람이나 사물을 높여서 이르는 말	OOO 선생님, OOO 씨, 귀하, 어느 분께서, 했어요? 하시었습니까? 사장님께서 가십니다.
겸양어	자기를 낮춤으로서 상대방을 높이는 말	제가, 저희들, 저희는, 여쭙다. 뵙다. 드리다. 전화를 드리겠습니다. 찾아뵙겠습니다.
공손어	정중한 말을 사용해 상대에게 경의를 나타내는 표현	보고 드립니다, 안녕하십니까?, 말씀해주시겠습니까?

- 상황 : 철수가 아르바이트 때문에 과제 제출 기한을 놓쳤다. 교수님께 사정을 이야기하고 과제를 제출할 수 있도록 부탁해야 한다.

14강 예절에서 방위는 어떤 뜻을 가지고 있을까요?

예절에서 방향을 말할 때는 '전후좌우'라 하지 않고 '동서남북'이라고 한다. 따라서 예절에서의 동서남북은 제일 어른이 계신 상석을 북쪽으로 정한다.

예절을 하는 장소에서의 방위의 기준인 북쪽상석은 다음과 같다. 제사를 모시는 장소에서는 신위를 모신 곳이 북쪽, 혼인예식장에서는 주례가 있는 곳이 북쪽, 사무실에서는 제일 상급자의 좌석이 있는 곳이 북쪽, 교실에서는 선생님이 계신 곳이 북쪽, 행사장에서는 단상을 설치한 곳이 북쪽이며 상석이다(김득중, 2015: 114).

상하석의 기준을 살펴보면 다음과 같다.

① 동쪽과 서쪽의 경우, 산 사람은 동쪽이 상석이고, 죽은 사람은 서쪽이 상석이다. 산 사람은 밝은 세상에 있기 대문에 해가 뜨는 동쪽을 상석으로 하고, 죽은 사람은 어두운 세상에 있기 때문에 해가 져서 어둠이 시작되는 서쪽을 상석으로 해서 좌석을 배치한다.

② 중앙과 양단 또는 주변의 경우, 중앙이 상석이다. 중앙에 웃어른이 앉고 그 좌우에 아랫사람이 앉는다.

③ 북쪽과 남쪽의 경우, 북쪽이 상석이다. 햇빛은 생명의 원천이기 때문에 북쪽에 위치해야 남쪽을 향할 수 있어 햇빛을 가장 많이 받기 때문이다. 제례의 신위를 북쪽에 모시는 이유도 북쪽을 상석으로 하기 때문이다.

④ 높은 곳과 낮은 곳의 경우, 높은 곳이 상석이다. 웃어른이 높은 곳에

앉고 아랫사람이 낮은 곳에 위치한다. 의식행사장을 설치할 때는 단상과 단하를 구분한다. 단상에 웃어른이 위치하는 이유는 높은 곳을 상석으로 하기 때문이다.

⑤ 앞쪽과 뒤쪽의 경우, 앞쪽이 상석이다.

⑥ 편리와 불편의 경우에는 편리한 곳이 상석이다.

⑦ 깊은 안쪽과 얕은 바깥쪽의 경우, 깊은 안쪽이 상석이다. 사무실에 좌석을 배치할 때 안쪽에 높은 사람이나 책임자가 출입문을 향해 앉고 그 바깥 출입문 쪽으로 아래 직원들의 좌석이 배치된다.

⑧ 안전한 곳과 위험한 곳의 경우에는 안전한 곳이 상석이다. 웃어른을 안전하게 모시는 것이 당연한 공경의 도리이다.

⑨ 상석과 가까운 곳이 상석이다.

⑩ 남자와 여자는 상하가 있어서가 아니라 양과 음으로 해석한다. 남자는 양이기 때문에 해 뜨는 동쪽에 위치하고, 여자는 음이기 때문에 해 지는 서쪽에 위치한다. 남자인 아버지가 동쪽에 앉고 여자인 어머니가 서쪽에 앉으며, 전통 혼인 례에서 신랑과 신부가 서는 위치도 남자인 신랑이 동쪽이고 여자인 신부가 서쪽이다. 제례를 올릴 때 자손들이 북쪽의 신위를 향해 설 때도 남자 자손이 신위의 좌측인 동쪽에 서고 여자 자손이 신위의 우측인 서쪽에 선다.

⑪ 상하석의 기준이 상충되면 목적에 맞는 기준을 적용한다(김득중, 2009: 108).

내용 확인하기

1. 다음을 읽고 빈칸에 알맞은 단어를 〈보기〉에서 찾아 쓰세요.

〈보기〉

동서남북	전후좌우	음	동쪽
북쪽	남쪽	서쪽	양

① 예절에서의 방위는 (　　　　　)(이)라고 정합니다.

② 예절에서의 상석은 (　　　　　)입니다.

③ 동쪽과 서쪽은 산 사람은 (　　　　)이/가 상석이고, 죽은 사람은 (　　　　)이 상석입니다

④ 남자와 여자는 상하가 있어서가 아니라 (　　　　)와/과 (　　　　)(으)로 해석합니다.

생각하며 표현하기

1. 다음 그림은 일상생활에서의 좌석 배치에 대한 실제 모습입니다. 친구와 함께 상급자와 하급자의 자리를 찾고 그 이유에 대하여 이야기해 봅시다.

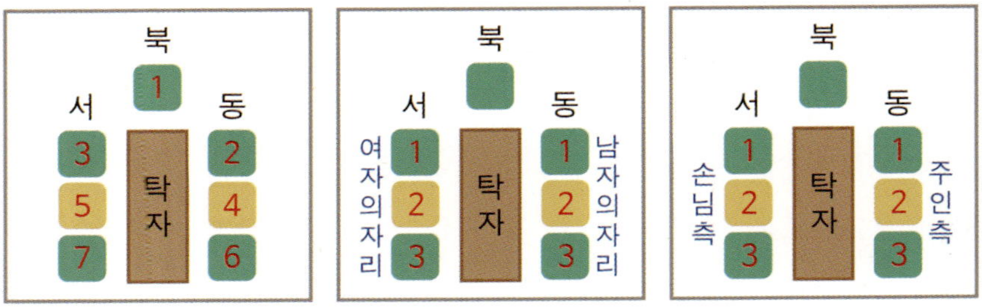

① 상하급의 좌석 배치 ② 남녀의 좌석 배치 ③ 주객의 좌석 배치

2. 한국 사회에서 예절을 알면 도움이 되는 일은 어떤 것이 있는지 이야기해 봅시다.

확인하기

1. 본문 내용을 기억하며 다음 단어들을 활용하여 짝과 함께 문장을 만들어 봅시다.

의식행사	전후좌우	동서남북	상석	방위
북쪽	제 의례	신위	혼인 례	주례
상급자	단상	묘지	상 하석	기준
동쪽	서쪽	산 사람	죽은 사람	밝은 세상
어두운 세상	중앙	양단	햇빛	생명
편리	불편	안전	남과 여	양, 음

예) 예절의 방위는 전후좌우라 하지 않고 동서남북이라고 합니다.

①

②

체험하기

1. 한국 친구 가족들과 외식하러 식당에 갔습니다. 여러분은 다음 중 어느 자리에 앉아야 할까요?

① 젊은 사람들은 출입구에서 가까운 자리에 앉습니다.

② 잔칫상의 중앙에 있는 자리에 앉습니다.

③ 문 입구에 앉습니다.

④ 계속 서 있습니다.

2. 회사에서 사장님과 부장님을 모시고 다른 회사에 회의하러 갔습니다. 다음 중 옳은 행동을 찾아보세요.

① 상사의 조금 앞에 서서 안내합니다.

② 사장님과 상사분이 모두 앉고 난 다음 빈자리에 본인이 앉습니다.

③ 가운데 자리에 앉는 것이 좋습니다.

④ 사장님과 가장 가까운 자리에 앉습니다.

15강 기본예절은 무엇일까요?

인간은 사회적 동물이다. 다른 사람과의 관계를 원만하게 하고 질서를 유지하며 함께 어울려 조화로운 사회생활을 하기 위하여 규범과 절차가 필요하다.

첫째, 예절은 예법이 필요하다. 장소나 대상에 따른 예절이 필요하였다. 둘째, 예절은 약속이다. 남과 어울려 더불어 함께 살기 위해서는 생활방식이 같아야 편리하고, 생활방식이 같으려면 이럴 때는 이렇게 하고 저럴 때는 저렇게 하자고 약속을 해야 한다. 셋째, 예절은 약속해 놓은 생활방식이다. 사람은 혼자 살지 못한다. 반드시 다른 사람들과 함께 살아야 하는데 그 대인관계를 원만하게 하려면 상대편의 생활방식을 알아야 한다(김득중, 2015: 61).

기본예절에서 가장 먼저 살펴야 하는 것이 바른 예절과 자기관리이다. 이를 수기라고 하는데, 수기修己는 스스로 사람다워지기 위해 정직하고, 정성을 다하며, 혼자 있어도 스스로 삼가고 양심에 거리낌이 없어 떳떳하며 자신감을 갖게 되는 것을 말한다. 다음으로 살펴야 하는 것은 예절바른 태도와 대인관계이다. 이는 치인治人인데, 치인은 타인과 더불어 지내는 이치를 말한다. 상대를 대할 때 내가 편안하게 대하며, 어른을 공경하고 아랫사람을 정성으로 사랑하여 인류애까지 지니는 것이다. 그리하여 예절은 스스로 정성을 다하고 남을 공경하며 사랑하는 마음을 가질 때 마음속에 담긴 정성을 겉으로 표현하는 행위언어, 행동가 따르게 된다.

한국 사람은 두 손을 앞으로 모아 잡는데 이것을 공수라고 한다. 한국 사람은 공수를 바른 예절의 기본이라고 생각한다. 평상시의 공수법은 남자는 왼손이 위로 가고, 여자는 오른손이 위로 가게 한다. 남자의 경우, 왼쪽이 동쪽이고 동쪽은 양이기 때문에 왼손을 위로 한다. 여자의 경우, 오른쪽이 서쪽이고 서쪽은 음이기 때문에 오른손을 위로 한다. 흉사 시에는 평상시와 반대로 남자는 오른손을 위로 하고 여자는 왼손을 위로 하여 공수한다. 흉사란 사람이 죽은 때부터 약 백일 간을 말한다(김득중, 2015: 84).

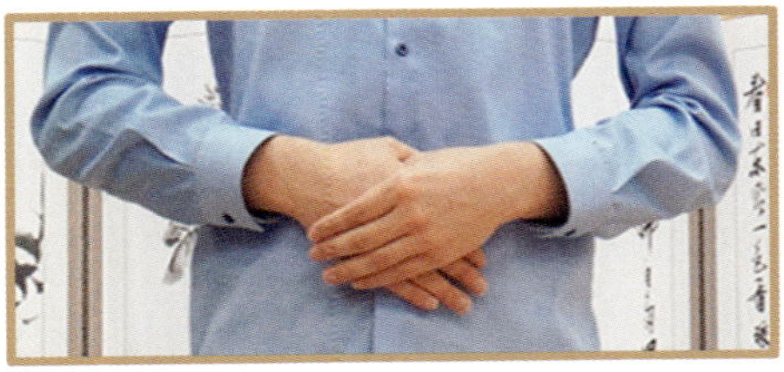

〈출처: 개인 소장〉

내용 확인하기

1. 함께 어울려 조화로운 사회생활을 하기 위하여 우리는 어떻게 해야 합니까?

2. 예절에 있어서 법은 어떤 법일까요? 무슨 의미를 가지고 있을까요?

3. 남자의 공수와 여자의 공수가 왜 다른지를 설명해 봅시다.

생각하며 표현하기

1. 한국의 예절에 대하여 정리해서 이야기해 봅시다.

   ① 예법이다.

   ②

   ③

2. 여러분 나라에서 공손한 자세는 어떤 자세입니까? 웃어른과 이야기할 때 손모양은 어떻게 하는지 표현해 봅시다.

확인하기

1. 예절의 의미에 대하여 이야기해 봅시다.

2. 예절에서 공수란 어떤 것입니까?

3. 흉사의 기간은 언제부터 언제까지를 말합니까?

4. 평상시의 공수와 흉사 시의 공수가 왜 다른지를 이야기해 봅시다.

체험하기

1. 좋은 표정을 하려면 기본적으로 어떻게 해야 할까요? 아래 내용을 읽고 따라해 봅시다.

- 얼굴의 근육을 이완시키고 편안하게 하여 부드럽고 온화한 느낌
- 고개를 똑바로 하여 정면을 향하게 하고 솔직한 느낌
- 턱은 자연스럽고 반듯하게 하며 약간 목 뒤로 당김
- 눈은 초점을 분명히 하고 지긋이 뜨고 단정하고 진지한 느낌
- 시선은 정면을 향하고, 솔직하고 자신감 있는 느낌
- 입은 조용히 다물고 미소를 지으며, 밝고 친근한 느낌

2. 공수는 양손가락을 엄지를 끼고 배꼽 주변에 가지런히 올려놓습니다. 짝과 함께 서로 마주보며 공수하여 인사해 봅시다. (남자와 여자의 공수는 다르게 합니다.)

5과

가정의례에 대하여 알아볼까요?

한국인의 가정의례에는 한국인의 삶의 방식이 포함되어 있으며, 관행적으로 수행해 왔던 의식과 절차 등 많은 내용이 담겨 있습니다. 따라서 가정의례는 그 시대와 사회문화적인 배경에 따라 매우 다양하게 표현됩니다. 오늘날 한국의 관혼상제는 삼국시대를 거쳐 고려, 조선시대로 내려와서 체계적으로 제도화된 예의범절의 총화입니다. 모든 의례는 효를 근본으로 하여 자손이 대대로 번성하고 조상을 받드는 데 집중되어 있습니다.

가정의례를 인생의 통과의례라고도 합니다. 크게는 관 · 혼 · 상 · 제 네 가지를 사례로 규정하고 가정에서 일정한 격식을 갖추어 행합니다. 이외에도 사람이 태어나서 첫 번째로 통과하는 출생의례(삼칠일, 백일, 돌)와, 삶의 연륜에 매듭을 지으며 의미를 부여하는 육순, 칠순, 팔순 등의 수연례가 있습니다. 태어나고, 성장하고, 혼인하고, 생을 꾸려가다가 수명을 다하여 세상을 떠나며, 떠난 후에도 추모의 과정이 있습니다. 그래서 한 생애 주기와 그 끝마침에 명분을 뚜렷이 하는 관문을 거친다고 하여 '통과의례'라고 하며, 가정에서 하는 것을 '가정의례'라고 합니다.

현대의 가정의례를 살펴보면 의미는 동일하더라도 시대에 따라 의례를 치르는 형식이 변해왔습니다. 시대가 바뀌면서 의례의 형식이나 절차가 변화를 겪는 것은 자연스러운 현상입니다.

학습목표

1. 가정의례의 의미를 알 수 있습니다.
2. 전통혼례에 대하여 알 수 있습니다.
3. 학습자 나라의 가정의례 행사도 비교하여 말할 수 있습니다.

문화단어장

- 만수무강 :
- 무예 :
- 번영 :
- 수명장수 :
- 액운 :
- 용맹 :
- 의례 :
- 입맷상 :
- 절개 :
- 품앗이 :

16강 첫 생일잔치는 어떻게 하나요?

아기가 태어난 지 만 1년이 되는 생일을 돌이라고 한다. 이는 1년간 생존의 어려움과 질병을 극복하고 잘 성장하였다는 것을 뜻하므로, 이를 축하하는 돌잔치는 매우 뜻깊은 행사이다(주영애, 2019: 333). 돌은 아기가 출생하여 처음 맞는 생일을 의미하지만, '두 돌을 맞았다', '세 돌이 된다' 등 아기의 나이를 셈하는 말로도 쓰인다.

아기가 첫돌을 맞으면 발육은 현저하게 달라지며, 자기 의사에 따라 행동하게 되고 걸음마도 가능해진다. '돌쟁이가 떡을 돌린다'는 말은 아기가 성장이 비교적 빨라 대견하다는 의미를 담고 있다. 옛날에는 남자아이가 돌을 맞이한 경우에 아버지 혹은 할아버지가 아기와 함께 밖으로 나가서 천, 지, 동, 서, 남, 북의 방향으로 활을 쏘았던 풍습도 있었다. 유교경전 『예기』에 따르면, 이것은 남자의 일이 있는 곳이 천지와 사방이기 때문에 아이의 장래를 축복하는 의미가 있다고 한다. 또 모든 액을 멀리한다는 의미로 아기의 수명장수를 기원하는 것이기도 했다.

첫돌을 맞은 아기는 돌 복을 입고, 돌상 앞에서 돌잡이를 한다. 돌상은 백설기, 붉은 팥고물을 묻힌 수수경단, 송편, 인절미, 국수, 각양각색의 과일로 상차림을 하는데 그 하나하나에 특별한 의미가 있다. 백설기는 깨끗한 정신을, 붉은빛의 수수경단은 액운을 면하고, 배가 볼록하게 빚은 송편은 식복이 있으라는 의미이다. 또 대추와 과일은 열매를 맺듯이 자손이 번영하라는 축복의 뜻이며, 국수는 수명장수를 비는 뜻으로 준비한다.

또 '돌잡이'를 하는데, 돌잡이는 돌상 위에 여러 물건들을 두고 아기가 잡은 물건으로 아이의 미래를 점쳐 보는 의식을 말한다. 돌상 위에 장수를 의미하는 쌀, 돈, 활, 붓을 놓아둔 후 아이가 첫 번째 잡는 것으로 아기의 장래를 점쳐 보며 가족들 모두 아이의 무병장수와 복을 기원하는 풍습이다. 이때 돈은 부귀를, 붓은 학문을, 활은 용맹을 상징한다. 여자아이의 경우에는 자, 색지, 실을 놓는데, 이것은 바느질 솜씨를 여자의 최고 덕목으로 삼았기 때문이다.

남자아이와 여자아이의 돌상에서 다른 점을 살펴보면, 남자아이의 경우 무예에 뛰어나라는 의미에서 앵두나무 혹은 뽕나무로 만든 활과 화살을 두고, 여자아이의 경우 솜씨 있는 사람이 되길 바라는 의미에서 색스럽게 꾸민 자를 놓았다.

돌날에는 아기에게 전통한복을 입히는데 남자아이는 도령 옷으로 입히고 여자아이는 색동저고리와 치마로 단장했다. 돌날 초대받은 사람들은 그 아기의 복과 장수를 바라는 의미의 인사말과 함께 타래실, 장난감, 옷, 수저, 쌀 등을 선물하는 것이 일반적이었다.

내용 확인하기

1. 다음의 돌상차림을 보고 돌상 위의 음식들은 각각 어떤 의미가 있는지 이야기해 봅시다.

〈출처: 개인 소장〉

① 백설기 :

② 수수경단 :

③ 인절미 :

④ 송편 :

⑤ 국수 :

⑥ 대추 :

생각하며 표현하기

1. 여러분 나라에도 한국의 돌잔치와 같은 행사가 있습니까? 어떤 행사가 있는지 이야기해 봅시다.

	돌 옷	돌 음식	돌잡이
한국			

확인하기

1. 남자아이와 여자아이의 돌잡이가 다른 점을 살펴볼까요?

〈출처: 개인 소장〉

2. 돌잡이를 떠올리며 다음의 물건들의 의미를 이야기해 봅시다.

- 붓, 벼루 :
- 화살 :
- 자, 가위 :
- 실타래 :
- 책, 공책 :
- 엽전(돈) :

체험하기

1. 현대의 돌 행사를 체험해 봅시다. 현대사회의 돌 행사는 전통 돌 행사와는 다른 것들이 있습니다. 어떤 것이 다를까요?

2. 여러분들이 원하는 돌잡이 상을 만들어 이야기해 봅시다.

17강 옛날 결혼식은 어떻게 했어요?

혼례는 성인이 된 두 남녀가 정식으로 부부관계를 맺는 의례로, 예로부터 '인륜지대사'라고 하였다. 개인이나 집안 모두에게 일평생 중요한 의례이기 때문이다. 『예기』에 따르면 "혼례란 천지가 화합하고 이성二姓이 화합하며 백년해로하여 위로는 종묘를 섬기고 아래로는 후손을 이어 효를 실천하고 화육에 참여하는 데 그 뜻이 있다."고 하였다(주영애, 2019: 339).

중매를 통해 양가 집안에서 혼인 말이 서로 오가면 먼저 신랑, 신부의 사주를 서로 교환한다. 사주란 개인이 태어난 생년, 월, 일, 시를 말한다. 사주로서 궁합을 보아 신랑, 신부의 화합을 점치기도 했다. 사주도 좋고 궁합도 맞으면 신부 집에서 좋은 혼인 날짜를 정한다. 혼인 날 며칠 전에 신랑 쪽에서 신부 집으로 예물을 보내는데 이를 '함 보내기'라고 한다. 함 안에는 '혼서지'라 하여 신랑의 가문을 밝히고 혼인을 청하는 내용의 편지글과 신부의 옷감과 금반지 같은 패물이 들어 있다. 함을 들고 신부 집으로 가는 사람을 '함진아비'라고 하는데 함진아비는 마땅히 전해야 할 귀한 예물인데도 쉽게 넘겨주려 하지 않고 "함 사세요!"라며 함 값을 내라고 온갖 익살과 장난을 피운다(박한나, 2014: 92).

전통혼례는 인륜지대사이기 때문에 신분에 상관없이 궁중에서 입었던 옷을 민간인도 입을 수 있게 허용했다. 신랑은 조선시대 관리들이 입었던 '단령'이란 옷을 입고, 장화처럼 생긴 '목화'를 신고, 머리에는 역시 조선시대 관리들이 썼던 '사모'를 썼다. 신부는 왕비나 공주가 입었던 '원삼'이나 '활옷'을 입고, 머리에는 비녀를 지르고 족두리를 썼다(박경수, 최은숙, 2018: 13).

신부는 얼굴의 양쪽 볼에 연지곤지를 바르고 붉은색의 활옷을 입었다.

전통 결혼식은 신부의 집에서 치러진다. 신랑이 신부 집으로 가서 혼례를 치른다고 해서 '장가들다'라고도 한다. 신부 집 마당에는 대례청이 마련된다. 대례는 전안례, 교배례와 합근례를 통틀어 하는 말이다. 신랑은 기러기를 대청마루에 올려 신부의 부모님께 먼저 예를 올린다. 이를 '전안례'라고 하는데, 기러기는 새끼를 많이 낳아 화목하고, 질서를 잘 지키며, 절개를 지켜 평생 한 짝만 바라보며 사는 동물이다. 이것은 신랑과 신부가 기러기처럼 살겠다는 약속을 서로 하는 것이다.

전통혼례에서 중요한 정신은 삼서정신이다. 즉 서부모, 서천지, 서배우로 부모와 하늘과 배우자에게 맹서하는 것이다. 먼저 서부모는 신랑, 신부가 혼인 후 잘 살 것을 부모님께 맹서하고, 서천지는 하늘과 땅에 맹서하고교배례, 합근례를 통해서 배우자에게 맹서한다(주영애, 2019: 341).

결혼 첫날밤은 신부 집에서 마련한 '신방'이라는 곳에서 신부는 신랑을 기다리며 맞이한다. 혼례를 치른 사흘 뒤에 신부는 가마를 타고 신랑의 집으로 들어가는데 이를 '시집가다', 우귀례혼행이 신랑집으로 돌아오는 것라고 하였다. 신랑 집에서는 신부를 맞이하여 잔치를 벌이고 신부는 시집의 일가친척들에게 인사를 하고 친정에서 가져온 혼수예물로 폐백을 드린다.

〈출처: 개인 소장〉

내용 확인하기

1. 다음의 사진은 전통혼례를 하는 대례청입니다. 아래 물음에 답해 봅시다.

〈출처: 개인 소장〉

① 신랑과 신부 중에서 혼례 날짜를 정하는 사람은 누구입니까?

② 전통혼례에서 혼례는 어디에서 합니까?

③ 합근례가 무엇인지 이야기해 봅시다.

생각하며 표현하기

1. 한국의 전통혼례에서 혼례의 의미는 무엇인지 여러분 나라의 경우와 비교하여 이야기해 봅시다.

2. 다음 사진은 혼례식 당일 전안례에서 사용하는 나무 기러기입니다. 기러기를 드리는 이유는 무엇인지 이야기해 봅시다.

〈출처: 개인 소장〉

3. 여러분 나라의 전통 결혼식에서 사용하는 특별한 물건이 있습니까? 신랑이 신부에게, 혹은 신부가 신랑에게 주는 선물이 있다면 무엇인지 그 의미를 이야기해 봅시다.

확인하기

1. 전통혼례에서 중요한 삼서정신에 대하여 이야기해 봅시다.

〈출처: 개인 소장〉

① 서부모
② 서천지
③ 서배우

2. 다음 내용을 대례의 순서에 맞게 나열해 봅시다.

가. 초자례(신랑), 초녀례(신부)를 하며, 부모님께 절을 올리고 혼인 후 잘 살 것을 부모님께 맹서한다.
나. 신부집 마당에는 대례청이 마련된다.
다. 합근례를 통해서 배우자에게 맹서한다.
라. 신랑은 기러기를 들고 대청마루에 올려놓고 신부의 어머니께서 혼인을 허락해 주시기를 기다린다.
마. 교배례를 통해 하늘과 땅에 맹서를 한다.
바. 혼인식은 끝이 나고 신방 엿보기를 한다.

라 – – – – –

체험하기

1. 사진을 보고 신랑의 대례복과 신부의 대례복의 명칭을 이야기해 봅시다.

① 두루마기, ② 활옷, ③ 사모, ④ 관대, ⑤ 목화, ⑥ 비녀,
⑦ 족두리, ⑧ 처자옷, ⑨ 신랑복, ⑩ 신부복, ⑪ 손님복, ⑫ 곤룡포

가

나

다

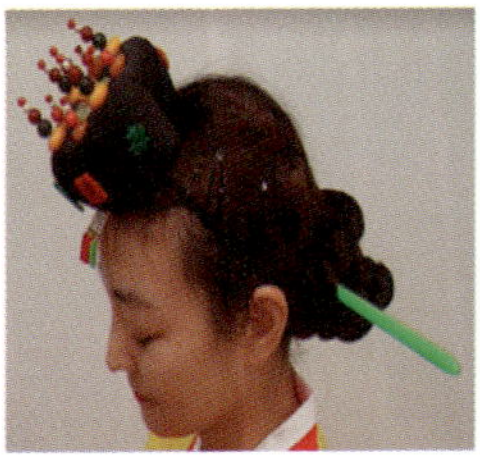

라

마

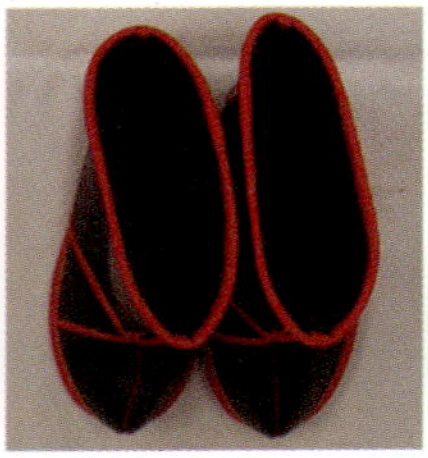

바

사

〈출처: 개인 소장〉

18강 수연잔치는 무엇일까요?

수연이란 육순六旬을 넘긴 분의 생신을 축하하는 연회를 말하는 것으로, 어른의 생신에 자녀들이 술을 올리는 헌수獻壽식을 통해 오래 사시기를 기원하는 의례이다. 평균 수명이 짧았던 옛날에는 60세를 넘기는 것은 축복이었다. 그래서 자손들은 일가친척을 초대하여 부모의 건강과 장수를 축하하는 회갑례를 열었다. 회갑을 맞은 주인공은 그 배우자와 함께 자손들이 마련한 좋은 옷을 입고 앉아 큰 잔칫상을 받는다. 상을 차려놓고 아들, 딸이 차례로 절을 하고 만수무강하시라는 술을 올리며 축하한다.

수연 당사자의 옷차림은 남성의 경우 벼슬이 있는 사람은 사모관대를 하고 벼슬이 없는 사람은 도포에 갓을 썼다. 여성은 원삼으로 예복을 갖추거나 옥색 저고리옥색 바탕, 자주색 고름, 남색 끝동에 남색 치마를 입었다. 자손들은 모두 화사한 옷차림을 했다. 만일 회갑인의 부모가 살아계시면 색동저고리와 홍색 띠를 두르고 절을 먼저 하였다. 여기서 색동저고리와 홍색 띠는 새로운 탄생의 삶을 상징한다.

수연의 상차림은 계절과 형편에 따라 다르다. 교자상의 기본 형태인 큰상, 망상을 차리고, 뒤쪽으로는 입맷상, 즉 장국상을 놓고, 망상의 앞쪽으로는 헌수를 위한 술상을 마련하였다. 망상은 음식을 높이 괴어 담아 차리는 상으로 대개 1자약 30cm가 넘어야 큰상이라고 하였다. 상 위에 올리는 음식들을 높이 쌓아 올리는 까닭은 음식을 쌓아 올리는 높이가 바로 자손들의 효심孝心을 나타낸다고 생각했기 때문이다. 오신 손님들께는 국수장국을 차려 대접하였다.

수연의 종류는 다음 표와 같다.

종류	의미
육순(六旬)	회갑을 맞기 1년 전인 60세의 생신
회갑(回甲)	환갑(還甲), 주갑(周甲), 화갑(華甲), 화갑(花甲)이라고도 한다. 61세의 생신
칠순(七旬)	고희(古稀), 희수(稀壽)라고 하는 70세 생신
팔순(八旬)	열(旬)이 여덟(八)이라는 뜻으로 80세의 생신
구순(九旬)	90세의 생신
백수(白壽)	99세는 '백(百)'자에서 일(一)을 뺀 글자인 '백(白)'자를 써서 백수(白壽)라 한다.

내용 확인하기

1. 한국 사회에서 수연례의 의미는 무엇입니까?

2. 회갑연은 언제 하는 의식행사입니까?

3. 칠순은 다른 말로 무엇이라고 합니까?

생각하며 표현하기

1. 오늘날 한국에서는 수연잔치를 하지 않고 부모님께 여행을 보내드리거나, 용돈을 드리거나, 가족들이 뷔페나 음식점에 가서 식사를 하며 지내는 경우가 많습니다. 현대사회의 수연례 모습을 보고 느낀 점을 이야기해 봅시다.

2. 한국 사회에서 수연례를 '자식의 효심, 축수의 기원, 체면을 위한 과시, 품앗이 관행' 등이 만들어 낸 문화라고 보는 다양한 견해가 있습니다. 여러분은 어떻게 생각합니까? 여러분 나라의 경우와 비교하여 이야기해 봅시다.

확인하기

1. 수연상에서 망상은 음식을 높이 괴어 담아 차리는 상으로 대개 약 30cm가 넘어야 큰상이라고 하였습니다. 왜 이렇게 높이 쌓았는지 이야기해 봅시다.

2. 수연잔치에 오신 손님들께는 국수장국을 대접했다고 하였습니다. 이유를 이야기해 봅시다.

3. 회갑인 사람의 부모님께서 살아계시면 자식은 색동저고리와 홍색 띠를 두르고 절을 먼저 하고 춤을 추고 노래를 부르며 재롱을 부렸다고 합니다. 이유를 이야기해 봅시다.

체험하기

1. 한국에서 수연례를 경험해 보고 소감을 이야기해 봅시다.

2. 여러분 나라의 수연례는 어떠한지 이야기해 봅시다.

3. 부모님 생신에는 무엇을 선물하는지 이야기해 봅시다.

6과

세시의례에 대하여 알아볼까요?

세시풍속이란 한 해를 단위로 일정한 시기에 주기적, 반복적으로 전승되어 내려오는 행동양식 또는 생활행위를 말합니다(민속학회편, 1994: 108). 예로부터 세시풍속은 매년 반복되는 관습이며, 계절성이 강조되었고 절일이라고 하여 명절로 여겼습니다(정승모, 2001: 10).

전통사회에서 주된 생업은 농경이었습니다. 세시풍속은 농사의 풍농을 미리 축하하고 감사하는 의례이며, 인간의 삶과 직결되어 복을 비는 의례였습니다(장재천, 2009: 47). 이때 즐기는 놀이는 풍요를 기원하는 의미를 가지고 있습니다.

또한 이날 행해지는 세시풍속은 생활의 마디로서 생기를 북돋우고 생존력을 도모합니다. 그래서 세시풍속은 신명을 푸는 축제적인 행사이기도 했습니다. 섣달 그믐날 불을 밝히고 대불을 놓는 것은 묵은 한 해를 폐기시킨다는 의미가 있습니다. 그리고 세시풍속은 해마다 같은 양상으로 반복되기에 재생의 의미를 지닌 것이었습니다(정승모, 2001: 10).

세시풍속의 내용으로는 먼저 조상님께 차례를 지내는 의례행사가 있으며, 절식이라고 하여 철마다 때에 맞는 음식이 있습니다. 놀이를 통하여 이웃과 대동단결하는 마음을 잇고 풍요를 기원하는 축제적인 행사가 지역마다 있습니다. 정월대보름에는 둥근달을 보며 한 해의 풍농을 기원했고, 한가위에는 여인들이 풍농에 감사하고 축하하는 의미에서 즐거운 놀이를 했습니다.

학습목표

1. 세시풍속의 의미를 알 수 있습니다.
2. 세시명절에 대하여 알 수 있습니다.
3. 여러분 나라의 세시풍속은 어떠한지 비교하여 이야기할 수 있습니다.

문화단어장

- 관습 :
- 교섭 :
- 세시풍속 :
- 입동 :
- 입추 :
- 입춘 :
- 입하 :
- 절기 :
- 태양력 :
- 태음력 :

19강 세시풍속이란 무엇일까요?

한국의 세시풍속은 농경생활과 밀접한 관련이 있으며, 태양력이 아닌 태음력을 채택하고 있고 또한 계절의 변화를 알려주는 절기에 따라 구성되어 있다. 한국의 세시풍속은 1년을 봄, 여름, 가을, 겨울의 4계절로 나누고, 비교적 매월 두 절기가 있으며, 1년을 24절기로 나누어 사용하였다. 태양태음력을 일상력으로 사용하던 전통사회에서의 새해 첫날은 정월부터 시작된다. 첫 번째 계절인 봄은 입춘부터 입하 전까지를 일컫는다.

세시풍속 내용으로는 조상님께 제사를 지내는 의례, 계절마다 나오는 재료로 만든 음식, 철마다 기후에 알맞은 놀이와 지역축제가 있다. 세시풍속에 나타난 의례행사는 하늘의 절대자와 조상님께 문안 인사부터 먼저 드려서 풍농과 번영을 기원하고, 자신도 새 마음을 다지고자 하는 경건의 의미가 크다. 따라서 설날 전날인 섣달 그믐날에는 집안을 대청소하고 목욕도 하며 깨끗하게 새해를 맞을 준비를 한다. 밤에는 집안 곳곳에 훤히 불을 밝혀 두는데, 이는 어둠의 액을 막고 복을 불러들이는 뜻이다. 세시명절에는 맛있는 음식을 장만하여 가족과 이웃과도 서로의 정을 나누고 민속놀이로 대동단결하여 즐기기도 하였다.

현대는 서구적인 생활방식이 익숙해졌지만 오늘날 현존하는 민속문화는 많은 경우 그 뿌리가 조선 후기의 생활문화와 맥이 닿아 있다. 조선시대 절기별 농가의 행사와 세시풍속을 오늘날의 명절들로 재구성하면 다음 표와 같다(이리경, 2017: 41).

조선시대 절기별 농가 행사와 주요 세시풍속

음력	24 절기	농가 행사	명절	주요 세시풍속
1월	입춘 우수	농기구 정비, 소 보살피기, 보리밭 거름주기, 논밭 둑 태우기	설, 대보름	설빔, 차례, 세배, 복조리, 세화, 횡수막이, 쥐불놀이, 토정비결, 직성보기, 과수나무 돌 끼우기, 널뛰기, 윷놀이, 연날리기, 입춘체 붙이기, 오곡밥 먹기, 달불이, 안택고사, 복토 훔치기, 부럼, 귀밝이술, 더위팔기, 용알 뜨기, 개보름 쇠기, 달맞이, 줄다리기, 석전, 답교, 기세배 볏가릿대
2월	경칩 춘분	봄보리 갈이, 목화밭 갈이, 담배 모종, 과수나무, 뽕나무 옮겨심기	-	영동 할머니 볏가릿대 허물기, 머슴날, 콘 볶기, 좀생이 보기
3월	청명 곡우	가래질, 써레질, 못자리 준비, 기장 · 조 · 콘 심기, 들깨 모종, 보리밭 김매기, 뽕밭 관리	삼짇날, 한식	한식, 묘제, 삼짇날, 화전놀이, 장담그기
4월	입하 소만	목화 · 뽕나무 관리, 수수 · 참깨 관리, 풀 베어 거름 만들기, 무논 써레질, 이른 모내기	초파일	초파일, 연등, 등 띄우기, 줄불놀이
5월	망종 하지	보리타작, 모찌기, 누에치기, 모내기, 들깨 심기, 담배 모종	단오 중양	산맥이, 단오, 단오부채, 쑥호랑이, 천중부적, 단오치장, 창포, 그네뛰기, 씨름, 봉숭아물 들이기
6월	소서 대서	보리 · 밀 · 귀리 베기, 콩 · 팥 · 조 · 기장 갈이, 김매기, 삼매기	유두 삼복	유두천신, 삼복, 천렵
7월	입추 처서	꼴 베기, 허수아비 세우기, 밭 거름주기, 무 · 배추 갈이, 목화밭	칠석 백중	칠석 고사, 백중날, 백중놀이, 호미씻이, 우란분재, 두레 길쌈
8월	백로 추분	목화 · 고추 말리기, 박 따기, 참깨 · 담배 · 녹두 수확, 보리밭 갈이	추석	벌초, 추석차례, 거북놀이, 소놀이, 근친, 강강술래
9월	한로 상강	벼 베기, 조 · 팥 · 콩 거두기, 이삭줍기, 목화 타기, 기름 짜기	중양	중양절, 중양제사
10월	입동 소설	무 배추 거두기, 기망, 메주 쑤기, 곶감 만들기	-	말날, 시제, 성주고사
11월	대설 동지	가마니 짜기, 외양간 살피기	동지	동지, 동지고사, 동지차례
12월	소한 대한	술 빚기, 두부 만들기	섣달 그믐 납일	납일, 제석, 묵은세배, 나례, 수세

〈출처: 홍석모 저, 정승모 역(2009), 『동국세시기』, 우리나라 세시풍속, 참고하여 재구성〉

내용 확인하기

1. 세시풍속에 관한 내용 중 맞으면 O표, 틀리면 X표 하세요.

① 한국의 세시풍속은 일상생활 속에 있는 것이다. (　　)

② 세시풍속은 태음력을 채택하고 있다. (　　)

③ 세시풍속은 풍농을 예축 · 기원 · 감사하는 의례이다. (　　)

④ 세시풍속은 인간의 삶과 직결되어 복을 비는 의례이다. (　　)

2. 각 세시명절의 날짜와 먹는 음식, 놀이에 대하여 아래 표를 완성해 봅시다.

세시명절	날짜(음력)	음식	놀이
설		떡국	
단오			그네뛰기
추석	8월 15일		
동지			X

생각하며 표현하기

1. 한국의 세시풍속 중에서 경험한 것과 느낀 점을 이야기해 봅시다.

2. 현대는 과거의 농경사회에서 벗어난 산업사회입니다. 산업사회에 알맞은 세시풍속과 같은 행사가 매월 생겨나고 있습니다. Day 시리즈에는 어떤 것이 있을까요? 이야기해 봅시다.

확인하기

1. 세시풍속에 관한 다음 질문에 답해 봅시다.

   ① 1년을 사계절로 나누고 어떻게 절기를 나누었을까요?

   ② 24절기 중에서 봄의 기간은 언제부터 언제까지입니까?

   ③ 봄이 시작된다는 뜻을 가리키는 날을 무엇이라고 합니까?

   ④ 밤이 가장 긴 날은 절기 중 어느 날입니까?

2. 여름에 가장 더울 때를 삼복이라고 합니다. 현대사회에도 삼복 때 더위를 이겨내기 위해 먹는 음식이 있습니다. 어떤 음식을 가장 많이 먹을까요?

3. 매년 12월 31일 자정에 유명인사들이 서울 종로 2가의 보신각에 모여서 종을 33번 칩니다. 이것의 의미는 무엇일지 생각해 보고 이야기해 봅시다.

체험하기

1. 세시풍속 때는 온 동네사람들이 모여서 농악기로 장단을 맞추며 흥겹게 놀면서 이웃 간에 정을 만듭니다. 인터넷에서 농악놀이를 찾아서 보며 이야기해 봅시다.

① 농악놀이 중 상쇠놀이는 어떤 것인지 알아봅시다.

② 농악놀이 중 법고놀이는 어떤 것인지 알아봅시다.

③ 상쇠놀이와 법고놀이에 사용된 농악기의 이름을 알아봅시다.

2. 인터넷에서 농악놀이 동영상을 찾아보고, 한국의 장단과 흥을 느껴 봅시다.

20강 설날에는 세배를 해요.

설날은 음력으로 새해 첫날을 말한다. 설날 아침에는 식구들이 일찍 일어나 세수를 하고 설빔을 차려입고 세찬과 세주를 준비하여 조상님께 세배를 드리는 의식으로 차례를 지낸다. 차례를 지낸 다음 어른들께 새해 인사를 올리는 세배를 하고 집안 식구들의 세배가 끝나면 차례를 지낸 음식으로 온 가족이 식사를 한다. 설날의 대표적인 세찬은 떡국이다. 떡국을 먹어야 나이 한 살을 먹는다고 하였다.

특별히 이 날엔 새 한복인 '설빔'을 입고 어른들에게 새해 인사로 '세배'를 드린다. 세배를 할 때는 '새해 복 많이 받으세요'라는 말로 절을 한다. 세배를 받는 어른은 '새해에는 소원 성취하게'라는 말을 건네주는데 이를 '덕담'이라고 한다. 세배를 받은 측에서는 간단한 다과를 대접하거나 세뱃돈을 준다. 세뱃돈과 좋은 음식, 고운 설빔으로 아이들이 손꼽아 기다리는 가장 즐거운 명절이다(박한나, 2014: 298).

설날에 차례를 지내기 위해서 또 세배 오는 손님의 대접을 위해서 준비하는 여러 가지 음식을 세찬이라고 한다. 설날에 먹는 술은 세주라고 하는데 세주로 쓰는 술 중에는 송백주, 도소주, 가양주가 대표적으로 쓰인다. 가족들은 식사가 끝나고 돌아가신 조상님을 뵈러 산소에 가서 인사를 드리는데 이것을 성묘라고 한다.

오후가 되면 여러 가지 민속놀이를 즐긴다. 남자아이들은 연날리기를 하거나 제기차기 등을 한다. 연날리기는 바람이 강한 겨울에 주로 하는데, 연이 더 멀리 날아갈 수 있기 때문이다.

대표적인 한국의 연은 태극모양을 그린 방패연이다. 연날리기는 섣달그믐 무렵부터 시작하여 대보름까지 즐긴다. 보름날의 연은 '액연'이라 하여 멀리 날려 보낸다. 여자들은 널뛰기를 하였는데, 널이라는 나무판 양 끝에 한 사람씩 올라가서 교대로 뛰는 놀이이다. 옛날에는 여성들이 외출이 자유롭지 못하여 널뛰기를 하며 이웃집 담장 너머로 세상 구경을 하고 남정네의 모습을 훔쳐보기도 하였다고 한다.

어른들은 윷놀이를 주로 했다. 윷놀이는 여러 사람이 함께 어울려야 하므로 설날 분위기에 맞게 화목을 더해 주는 놀이다. 이 놀이는 네 개의 윷가락이 엎어지거나 젖혀지는 데 따라서 '도, 개, 걸, 윷, 모'라 하여 점수를 두고 하는 놀이이다. 윷판에 놓인 윷말을 승부지점까지 머리를 잘 써서 두는 것도 승리의 큰 요인이 되었다. 그래서 윷놀이를 할 때면 자기편끼리 서로 상의도 하고 윷가락을 던질 때 "모 나오느라" 하며 주문도 하고 박수도 치며 아주 흥겹게 논다(박한나, 2014: 299).

내용 확인하기

1. 한국은 옛날부터 설날에 떡국을 먹었습니다. 떡국을 먹는 이유와 의미를 이야기해 봅시다.

2. 설날에는 세배를 하며 무엇이라고 인사말을 합니까?

3. 세배를 받는 어른은 어떻게 답인사를 합니까?

생각하며 표현하기

1. 한국의 설날에 조상님께 음식을 올리고 세배하는 것을 '차례 지내다'라고 합니다. 여러분 나라에도 명절에 조상님께 차례를 지내는 풍습이 있습니까? 이야기해 봅시다.

2. 여러분 나라의 새해 인사말에 대해서 이야기해 봅시다.

나라	새해 인사
한국	새해 복 많이 받으세요.

확인하기

1. 설날에 하는 가장 중요한 행사 두 가지가 있습니다. 무엇일까요?

2. 설날에는 가래떡을 동전모양으로 썰어서 떡국을 만들어 먹습니다. 이것은 어떤 의미가 있는지 이야기해 봅시다.

3. 설날에 하는 놀이문화는 어떤 장점을 가지고 있습니까?

체험하기

1. 다음 그림을 보고 무슨 놀이를 하는 것인지 이름을 알아맞추어 보세요.

가

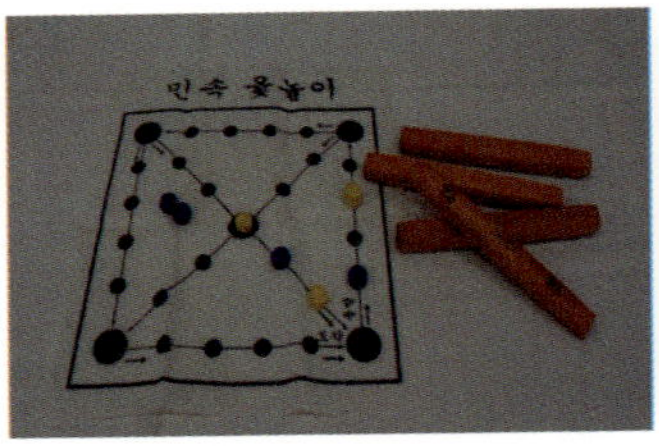

나

다

〈출처: 개인 소장〉

① 한국의 설날데는 가족들이 윷놀이를 합니다. 여러분도 팀을 만들어 윷놀이를 해 봅시다.

② 한국의 설날에는 아이들이 제기차기를 합니다. 여러분도 제기를 만들어 제기차기 놀이를 해 봅시다.

③ 연을 멀리 날려 나의 소원을 빌기도 합니다. 또한 옆 친구의 연과 싸움도 하며 서로 실을 끊기도 합니다. 친구와 함께 해 봅시다.

21강 추석에는 송편을 먹어요.

추석은 음력 8월 15일로 중추절, 또는 한가위, 가위, 가배일이라고도 한다. 이 가운데 가위나 한가위는 순수한 한국말이다. 정월명절설과 더불어 제일 큰 명절이다. 추석은 한 해의 농사를 수확하며 조상님께 감사한 마음을 올리는 의식이다. 예부터 '더도 말고 덜도 말고 한가위만 같아라'는 말은 풍성한 햇곡식이 농부들의 마음을 한껏 기쁘게 한다는 뜻에서 나온 말이다.

차례상을 차리기 전 많은 농가에서는 경건한 마음으로 '올게심니'를 하곤 했다. 올게심니란 그해 경작한 벼, 수수, 조, 옥수수 등의 곡식 중에서 가장 실하고 가장 잘 익은 것을 가려 뽑아서 다발을 만들어 기둥이나 방문 위에 걸어 놓는 풍습이다. 올게심니에는 이처럼 잘 익은 곡식 다발을 내년에도 넉넉하게 수확을 할 수 있기를 기원하는 마음이 듬뿍 담겨 있다(이은희, 2015: 180).

햇곡식으로 올게심니를 하고 나면 햇곡식으로 밥을 짓고 송편을 빚어 차례상에 올렸다. 특히 추석 때 빚는 송편은 햅쌀로 만들었다 하여 오려송편이라 불렀는데, 햅쌀가루를 익반죽하여 그해에 수확한 콩, 깨, 밤, 대추 등으로 소를 넣어서 만들었다. 아가씨들이나 새색시들은 송편을 예쁘게 빚어야 이다음에 예쁜 아이를 낳는다고 하여 묘한 경쟁을 하기도 했다(이은희, 2015: 181).

조상님께 수확의 기쁨을 추석차례로써 알린다. 새 옷차림으로 차례를 지낸 후 온 일가친척들이 둘러앉아서 음복을 하고 아침을 먹은 다음에는 따로 준비한 음식을 가지고 조상의 산소를 찾아 성묘를 한다.

추석은 풍요의 계절이다. 그렇기 때문에 어느 명절보다 민속놀이가 다양하게 행해졌다. 한가위의 민속놀이로는 달맞이, 농악, 줄다리기, 강강술래 등이 있다. 달맞이는 정월대보름과 함께 만월의 명절이다. 저녁이 되면 가족들과 먼 곳에서 온 친척, 이웃끼리 모여 솟아오르는 둥근 달을 바라보며 여러 가지 놀이를 하며 즐긴다. 중천에 떠오르는 쟁반 같은 둥근 달을 보며 소원도 빈다. 줄다리기는 줄을 양편에서 잡고 서로 끌어당겨 승패를 가리는 놀이다. 이웃 마을끼리 서로 단결된 힘을 겨루며 놀았다. 강강술래는 달 밝은 밤에 부녀자들이 곱게 단장하고 여럿이 손에 손을 잡고 둥근 원을 그리며 뛰어노는 것이다.

올게심니

〈출처: 국립민속박물관〉

풍물놀이

〈출처: 개인 소장〉

내용 확인하기

1. 추석을 순수 한국어로 무엇이라고 합니까?

2. 한가위의 의미에 대하여 이야기해 봅시다.

3. 추석에는 송편을 먹습니다. 송편의 의미를 이야기해 봅시다.

생각하며 표현하기

1. 추석 때는 산소에 가서 조상님께 인사를 드립니다. 왜 그렇게 하는지 이야기해 봅시다.

2. 벌초가 무엇을 하는 것인지 이야기해 봅시다.

3. 여러분 나라에도 추석이 있습니까? 추석에는 어떤 행사를 하는지 이야기해 봅시다.

확인하기

1. 추석에는 산소에 가서 조상님께 인사를 드리고, 집에서는 차례상을 차려 조상님께 먼저 인사를 드립니다. 이것은 어떤 의미가 있을까요?

2. 그해 경작한 벼, 수수, 조, 옥수수 등의 곡식 중에서 가장 실하고 가장 잘 익은 것을 가려 뽑아서 다발을 만들어 기둥이나 방문 위에 걸어 놓는 풍습이 있습니다. 이것은 무엇일까요? 왜 그렇게 할까요? 이유를 말해 봅시다.

체험하기

1. 한국의 추석에는 농악기 연주를 하며 이웃과 함께 흥을 나누는 행사가 있습니다. 농악기에는 어떤 악기들이 있는지 이름을 말해 봅시다.

① 북	② 꽹과리	③ 장구	④ 징

〈출처: 국립국악원〉

2. 추석에는 떠오르는 달을 보며 소원을 빌기도 하였습니다. 농민들은 풍년을 기원하고 청년들은 과거급제를 소원하거나 장가, 시집가기를 빌었습니다. 달맞이는 가족의 건강과 안녕을 기원하는 행사로 현대에도 이어지고 있습니다.
여러분도 둥근 달을 보며 달맞이 소원을 빌어 봅시다. 어떤 소원을 빌고 싶은지 써보고 이야기해 봅시다.

7과

오늘은 무슨 놀이를 하면서 놀까요?

민속놀이는 각 지방의 풍속과 생활 모습이 반영되어 민간에 전해 오는 여러 가지 놀이입니다. 민속놀이는 같은 민족이라 하더라도 신분 계층, 직업, 남녀노소에 따라 그 종류가 다르고 내용과 방식이 달랐습니다. 지금까지 파악된 한국의 민속놀이는 200여 개에 이르는데 전승된 시기를 정확히 알기는 어렵지만 대부분 오래 전부터 전해져 오고 있다고 말하고 있습니다.

민속놀이는 세시풍속 사이사이에 즐겼는데 이것은 적당한 놀이를 섞어 효율적인 생산을 바랐던 조상의 슬기로움입니다. 사람들은 그네뛰기, 널뛰기, 윷놀이, 팽이치기, 씨름, 연날리기, 호미씻이, 가마싸움, 강강술래, 달집태우기, 차전놀이, 쥐불놀이, 줄다리기 등의 놀이를 남녀, 노소, 계절, 지역, 개인과 집단놀이로 나누어 다양하게 즐겼습니다.

한국의 민속놀이는 경쟁을 하지만 승부의 결과보다는 즐거움을 느끼는 놀이가 많습니다. 또, 어른과 아이들이 함께 하면서 놀이의 방법뿐만 아니라 최선을 다하는 과정을 통해 책임감과 결속력, 공동체 구성원으로서 정체성을 강화하였습니다.

학습목표

1. 한국 민속놀이의 종류와 방법을 설명할 수 있습니다.
2. 한국의 민속놀이를 직접 해 볼 수 있습니다.
3. 민속놀이에 담겨 있는 한국인의 정서를 이해할 수 있습니다.

문화단어장

- 겨루다 :
- 괴다 :
- 널판 :
- 달리다 :
- 뛰어오르다 :
- 새끼줄 :
- 솟구치다 :
- 올리다 :
- 짚단 :

22강 별이 하늘로 올라간다고요?

연날리기는 한국과 중국, 일본, 태국, 그리스 등 세계 곳곳에서 누구나 즐겨오던 놀이이다. 우리나라는 삼국시대 이전에 전쟁의 수단으로 처음 연을 날렸다고 기록되어 있다. 불덩이를 매단 연을 적의 성 안으로 날려 보내 불타게 하거나 작전을 지시할 때, 섬에서 육지로 연락할 때 연을 띄웠다고 한다.

연날리기는 종이에 가느다란 살을 붙이고 실로 연결한 후 하늘로 날려 올리는 놀이이다. 연의 종류는 방패연과 가오리연, 사람이나 동물의 형태로 만든 연 등이 있는데 방패연의 경우 무늬나 색깔에 따라 이름이 다르다. 모양은 대부분 직사각형으로 만드는데 크기나 형태에 대해 정해진 규격은 없다.

〈출처: 한국민족문화대백과사전〉

연으로 할 수 있는 놀이는 높이 띄우기, 재주 부리기, 연줄 끊어먹기가 있다. 높이 띄우기는 연을 얼마나 멀리 그리고 높이 띄울 수 있는가를 겨루는 놀이로 높이 띄워 눈에 보일락 말락 할 때까지 연을 올린다. 그런데 높이 올라가면 올라갈수록 바람을 세게 받기 때문에 연의 모양이 망가지거나 연실이 끊어질 수 있다.

재주 부리기는 연을 날리는 사람이 손을 움직여 연을 왼쪽이나 오른쪽, 급상승이나 급강하시키는 것을 말한다. 재주 부리기는 연을 날리는 사람의 솜씨도 중요하지만 우리나라 연만이 가지고 있는 구조적 특징이 잘 반영된 것이라 할 수 있다.

연줄 끊어먹기는 두 개 이상의 연실이 서로 교차하여 비벼서 연줄을 끊는 놀이이다. 연실의 질긴지 약한지도 중요하지만 연을 조종하는 기술이 더 크게 작용한다. 연줄 끊어먹기에서 특이한 것은 보통은 놀이에서 진 사람이 이긴 사람에게 한턱을 내지만 연줄 끊어먹기의 경우는 이긴 사람, 즉 연줄을 끊은 사람이 진 사람에게 한턱을 낸다. 그 이유는 끊어진 연이 날아가 하늘에 좋은 소식을 전할 것이라고 생각했기 때문이다.

내용 확인하기

1. 다음을 읽고 맞으면 O, 틀리면 X표 하세요.

① 연은 모양에 따라 규격이 정해져 있다. (　　)

② 우리나라는 전쟁 수단으로 처음 연을 날렸다. (　　)

③ 연날리기는 세계 곳곳에서 누구나 즐기던 놀이이다. (　　)

④ 높이 띄우기, 재주 부리기, 연줄 끊어먹기 등 여러 종류의 연놀이가 있다. (　　)

2. 다음 내용을 읽고 알맞은 연날리기 놀이 방법에 숫자를 쓰세요.

① 연을 멀고 높게 띄워야 한다.
② 연이 급상승하거나 급강하한다.
③ 연실이 질긴지 약한지 중요하다.
④ 연을 날리는 사람의 솜씨가 중요하다.
⑤ 연이 눈에 보이지 않을 때까지 올린다.
⑥ 바람을 세게 받아 연이 망가질 수 있다.
⑦ 두 개 이상의 연실을 비벼서 연줄을 끊는다.

높이 띄우기	
재주 부리기	
연줄 끊어먹기	

생각하며 표현하기

1. 우리나라는 불덩이를 매단 연을 적의 성안으로 날려 보내 불타게 하거나 섬에서 육지로 작전 지시를 할 때 연을 날렸다고 합니다. 여러분은 어떤 경우에 연을 활용해 보고 싶습니까?

2. 연줄 끊어먹기에서 끊어진 연은 하늘에 닿아 소식을 전하다고 생각했습니다. 여러분은 끊어져 하늘로 날아가는 연에 어떤 소식을 담고 싶습니까?

확인하기

1. 다른 나라의 연을 찾아 모양과 이름을 알아봅시다.

2. 여러분 나라의 연을 소개하고 언제 연을 날리는지 서로 이야기해 봅시다.

3. 연을 잘 날리는 기술에는 어떤 것이 있을까요? 생각하여 이야기해 봅시다.

체험하기

1. 연을 만드는 법을 인터넷에서 찾아 직접 만들어 봅시다.

2. 만든 연을 직접 날려 봅시다.

   ① 연을 날리는 동안 무엇이 가장 기억에 남습니까?

   ② 연이 하늘 높이 날 때 무슨 생각을 했습니까?

   ③ 언제, 누구와 하면 가장 좋을 것 같습니까?

23강 담장 밖이 궁금한가요?

널뛰기는 그네뛰기와 함께 우리나라 여성들이 즐겨했던 대표적인 놀이이다. 정월 초를 비롯하여 단오나 추석 등 명절에 주로 하였는데 처음 시작은 언제였는지 정확하지 않다. 하지만 고려시대에 널을 뛰었다는 여러 기록을 통해 그 시기를 짐작할 수 있다.

널뛰기는 널판의 양 끝에 한 사람씩 올라서서 번갈아 가며 뛰어오르는 놀이이다. 널판은 보통 길이가 2 m, 너비가 30 cm인데 중앙에 짚단이나 가마니를 괴어서 중심을 잡는다. 또 널판이 움직이지 않도록 하기 위해서 널의 가운데 사람이 앉기도 한다. 그 후 널의 양쪽에 각각 한 사람씩 올라선 뒤 평형을 이루도록 조절한 후 널을 뛴다. 한 사람이 뛰어올랐다가 내리면 상대방이 뛰어오르는 것을 서로 번갈아 반복하다가 발이 널판에서 떨어지면 지게 된다.

널뛰기는 두 사람이 뛰기도 하고 여러 사람이 편을 나누어 뛰기도 한다. 누가 더 높게 뛰어오르는지를 겨루는 놀이이지만 뛰어 오를 때 공중에서 다리를 앞으로 뻗거나 두 다리를 앞뒤로 벌리기, 공중에서 한 바퀴 돌기, 상체를 앞으로 굽혀 두 다리를 잡기 등 어려운 동작으로 재주를 부리며 널을 뛰기도 한다.

널뛰기에는 여러 가지 유래가 있는데 첫 번째는 여성들이 자유롭게 외출하지 못했을 때 담장 밖 풍경과 거리의 남자들을 구경하기 위해서 널을 뛰었다고 한다. 두 번째는 감옥에 갇힌 남편의 안부가 궁금하여 또 다른 죄인의 아내와 널뛰기를 핑계 삼아 남편의 얼굴을 엿보았다는 것이다. 그

외에 귀신날에 잡귀를 쫓고 부정을 쫓기 위해서 널을 뛰었다거나, 처녀 시절에 널을 뛰지 않으면 시집을 가서 아기를 낳지 못한다고 해서 널뛰기를 했다는 이야기도 있다.

〈출처: 한국민족문화대백과사전〉

내용 확인하기

1. 다음을 읽고 맞으면 O, 틀리면 X표 하세요.

① 널뛰기는 남녀노소 누구나 즐겨했던 놀이이다. (　　)

② 널을 뛰는 사람의 체중에 따라 서는 위치가 다르다. (　　)

③ 널뛰기는 누가 더 높게 뛰어오르는지를 겨루는 놀이이다. (　　)

④ 널뛰기는 정월 초와 단오, 추석 같은 큰 명절에 주로 했다. (　　)

2. 다음 글의 빈칸에 알맞은 단어를 〈보기〉에서 찾아 쓰세요.

〈보기〉

가슴	공중	널판	발
손	양끝	중앙	평형

널뛰기는 (①)의 양 끝에 한 사람씩 올라서서 번갈아가며 뛰어오르는 놀이이다. (①)의 (②)에 짚단이나 가마니를 괴어서 중심을 잡고 양쪽에 각각 한 사람씩 올라서면 (③)을/를 이루도록 조절한 후 널을 뛴다. 서로 번갈아 뛰다가 (④)이/가 (①)에서 떨어지면 지게 된다.

생각하며 표현하기

1. 널뛰기의 유래에는 여러 가지가 있습니다. 다음의 유래 중 여러분이 생각하는 가장 유력한 유래는 무엇입니까? 이유와 함께 이야기해 봅시다.

- **널뛰기의 유래**

① 바깥 외출이 자유롭지 못했던 여성들이 바깥 풍경이 궁금해서
② 감옥에 갇힌 남편의 안부가 궁금해서
③ 잡귀를 쫓기 위해서
④ 아기를 잘 낳기 위해서

확인하기

1. 공중에서 부릴 수 있는 널뛰기의 재주에는 어떤 것들이 있습니까? 그 모습을 이야기하고 행동으로 표현해 봅시다.

2. 널뛰기를 할 때 주의할 점은 무엇이라고 생각합니까?

3. 여러분의 나라에도 널뛰기와 비슷한 놀이가 있습니까? 있으면 소개해 봅시다.

체험하기

1. 주변에 널뛰기를 해 볼 수 있는 곳에 가서 친구들과 널뛰기를 해봅시다.

   ① 얼마나 높게 뛰어올랐습니까?

   ② 공중에서 어떤 동작으로 재주를 부릴 수 있었습니까?

   ③ 직접 경험해 보니 옛날 여성들이 왜 널을 뛰었을 것 같습니까?

24강 우리 편이 이겨야 풍년이 들어요.

줄다리기는 명절과 관계없이 수시로 하던 놀이이지만 대부분의 지역에서는 주로 정월 대보름날에 했다. 음력 정월 보름은 새해 들어 처음 맞이하는 보름달을 볼 수 있는 날이다. 달은 풍요와 다산의 상징이어서 정월 대보름에 줄다리기뿐만 아니라 많은 민속놀이가 이루어졌다.

줄다리기의 줄은 한 가닥으로 된 '외줄'과 두 가닥을 한 곳에 이어서 잡아당기는 '암숫줄'이 있다. 외줄을 이용한 줄다리기는 주로 아이들이 했고, 암숫줄은 어른들이 가지고 했다. 이때 줄은 짚으로 새끼줄을 만들어 썼는데 일부 지역에서는 칡 또는 칡과 짚을 엮은 줄을 사용했다.

〈출처: 국립민속박물관〉

줄다리기는 자기 마을의 줄을 꼬아 그것을 하나로 만드는 것으로부터 시작되었다. 줄이 준비되면 마을과 마을이 편을 갈라 수십 명에서 수천 명의 사람들이 징소리와 함께 줄을 끌어당겼다. 엎치락뒤치락 하면서 하루 종일, 때로는 2~3일씩 계속되었다.

줄다리기는 흩어져 있던 개인의 힘이 하나로 뭉쳐져 큰 힘이 될 때, 그래서 두 편의 힘이 어느 한쪽으로 쏠리지 않고 팽팽한 일직선이 될 때 가장 큰 힘이 느껴진다고 한다. 모두의 힘이 솟구치는 그 순간의 기분을 즐기기 위해 줄다리기를 하는 것이다. 이때 사물놀이패들은 사물을 힘껏 치며 줄다리기를 하는 사람들과 함께 공감대를 형성했다.

솟구친 줄이 이편저편으로 왔다 갔다 하다가 한편이 힘이 떨어져 상대편으로 끌려가면 경기는 끝난다. 줄다리기에서 이기면 그 마을은 논농사가 잘되고, 지면 그 마을은 밭농사가 잘된다고 했다. 승부와 상관없이 결국은 모두 잘살자는 마음이었다.

내용 확인하기

1. 다음을 읽고 맞으면 O, 틀리면 X표 하세요.

① 줄다리기의 줄은 두 가지 종류가 있다. (　　)

② 줄다리기는 짧은 시간에 승부를 내는 놀이이다. (　　)

③ 두 편의 힘이 팽팽해지는 순간 사물놀이패가 흥을 돋운다. (　　)

④ 줄다리기에서 이겨야 농사가 잘 되기 때문에 승부에 집착한다. (　　)

2. 다음 글의 빈칸에 알맞은 단어를 〈보기〉에서 찾아 쓰세요.

〈보기〉

아이들	어른들	여성들	정월대보름
줄	짚	추석	칡

① 줄다리기는 수시로 하던 놀이이지만 주로 (　　　　)에 했다.

② 줄다리기의 줄은 (　　　　)(으)로 새끼줄을 만들어 썼다. 일부 지역에서는 (　　　　)을/를 엮기도 했다.

③ 줄다리기의 외줄은 (　　　　)이/가, 암숫줄은 (　　　　)이/가 이용했다.

생각하며 표현하기

1. 줄다리기는 한국뿐만 아니라 벼농사를 짓는 다른 나라에서도 볼 수 있습니다. 어느 나라에서 어떤 이름으로 전해지고 있는지 찾아봅시다.

2. 줄다리기는 승부에 집착하기보다 협동심과 동질감을 느끼며 모두 잘되자는 마음으로 한 놀이라고 합니다. 여러분이 그때의 마을 사람이었다면 어떤 마음이었을지 이야기해 봅시다.

확인하기

1. 줄을 꼬기 시작하는 것부터 승부가 날 때까지 줄다리기의 전 과정을 정리하여 이야기해 봅시다.

2. 줄다리기의 승패에 담긴 의미를 함께 이야기해 봅시다.

체험하기

1. 우리나라의 문화를 잇고 주민들의 단결과 풍년을 기원하는 마음으로 해마다 줄다리기를 하고 있는 마을들이 아직 있습니다. 그 마을들을 찾아 발표해 봅시다.

① 어디에 있는 무슨 마을입니까?

② 줄다리기를 일 년 중 언제 합니까?

③ 어떤 방법으로 줄다리기를 합니까?

④ 사진이나 자료가 있으면 함께 보여 주십시오.

8과

한국의 민속예술에 대하여 알아볼까요?

민속예술에는 민속음악, 민속무용, 민속공예, 민속문학 등이 있습니다. 민중의 일상생활 속에서 자연스럽게 발생하고 민중들에 의해 전승되었다는 점이 공통적입니다. 따라서 민중의 생활과 밀접한 관계가 있습니다. 민중이 생활의 필요에 따라 창작하고 즐기기 때문에 자연히 삶의 현장에서 느끼는 진솔한 감정과 정서가 담겨 있을 수밖에 없습니다.

민속음악은 보통 민속악이라고 하는데, 일반 백성들이 즐기던 음악을 말합니다. 민요나 농악 등이 포함됩니다. 민속무용은 궁중무용의 반대되는 개념으로, 일정한 틀이 없이 민중들 사이에서 자연적으로 생겨나 민요나 농악 등에 맞추어 추던 춤입니다.

민속공예는 일반 민중들이 생활에서 사용하는 일상생활용품을 만드는 기술이나 물건을 말합니다. 사회생활, 의례생활, 의식주, 놀이, 교통 등의 목적에 따라 전승 기술로 만들어지며 실용적인 가치를 지닙니다.

민속문학은 문자가 아닌 말로 전해지던 문학으로 구비문학(또는 구전문학)이라고도 합니다. 개인이 창작하여 글로 기록한 문학과는 다릅니다. 설화, 민요, 민속극, 속담, 수수께끼 등이 있습니다. 설화(說話)는 옛이야기로 주인공의 성격, 시간과 장소, 증거물의 유무 등에 따라 신화(神話), 전설(傳說), 민담(民譚)으로 나뉩니다. 민요는 노래이면서도 사설이 있는 노래문학으로 민속음악이자 민속문학입니다. 민속극은 민중이 창작하고 전승한 연극으로 탈춤, 판소리, 인형극 등이 있습니다. 속담은 교훈과 풍자, 비판 등의 내용을 담고 있는 옛말이며, 수수께끼는 질문에 대한 답을 알아맞히는 일종의 언어놀이입니다.

학습목표

1. 옛날 노래를 듣고 따라 부를 수 있습니다.
2. 옛날 노래와 이야기 속에 나타난 한국인의 가치관과 정서를 이해하고, 현재와 비교하여 말할 수 있습니다.
3. 탈과 탈춤의 문화적 의미를 이해하고 그 느낌을 표현할 수 있습니다.

문화단어장

- 노동요 :
- 마당(과장) :
- 모심는 소리 :
- 민담 :
- 민요 :
- 설화 :
- 신화 :
- 전설 :
- 탈 :
- 탈춤 :

25강 농사를 지을 때 어떤 노래를 불렀을까요?

한국인은 예로부터 넓은 평야에 모여 농사를 지으면서 마을을 형성하고 독특한 농사문화를 만들었다. 대부분의 농사일은 공동으로 이루어졌다. '두레'라는 일꾼모임을 만들고 마을 전체의 농사일을 한꺼번에 해결하였다.

농사일에서 가장 힘든 것은 어린 벼를 논에 옮겨 심는 모내기와 논의 잡초를 뽑는 김매기이다. 이때 고된 노동의 피로를 잊고 일의 능률을 올리기 위해 다함께 노래를 부르면서 일했다.

여럿이 하는 작업이기 때문에 행동을 맞추거나 일의 속도를 조절하기 위해 노래를 불렀다. 노동하는 과정에서 자연스럽게 나오는 감정이나 생각, 소망 등을 노랫말로 표현했다.

농사일하는 단계마다 부르는 노래가 각각 달랐는데, 벼농사를 짓는 한국에서 가장 많이 불렀던 노래는 〈모심는 소리〉이다. 〈모심는 소리〉는 모판에서 자란 어린모를 논에 옮겨 심으면서 부르는 노래로, 아침, 점심, 저녁 등 시간과 상황에 따라 노랫말이 다르다. 또 지역마다 노랫말과 부르는 방식이 다양하다.

아침소리는 주로 풍년을 기원하는 농민의 바람을 담고 있다.

> 모야 모야 노랑모야 니 언제 커서 열매 열래
> 이 달 크고 내달 크고 칠팔월에 열매 열지
> 백로한로 다 지내마(지내면) 황금빛이 나는구나
> 이 열매를 훑어가조(훑어서) 부모보영(부모보양) 하고지라

〈출처: 권오경, 2008: 33〉

이 노래는 영남지역의 〈모심는 소리〉인데, 모가 빨리 자라 풍년이 되기를 바라는 마음이 잘 나타난다. 그리고 부모님께 효도하고 행복하게 잘 살기를 바라는 농부의 소박한 소망이 담겨 있다.

오후나 저녁소리는 하루의 일을 마무리하는 단계에 부른다. 낮과 밤이 교차하는 시간이기 때문에 주로 이별, 죽음, 삶의 애환, 인생무상 등의 서정적인 내용이 많다.

> 오늘해가 다되었네 골골마당(고을마다) 연기나네
> 우런님은 오데로가고 연기낼줄 모르는고

〈출처: 권오경, 2008: 39〉

힘든 노동이 끝나고 해질 무렵 인간이 느끼는 허무함과 외로움 등의 감정이 잘 드러난다. 연기가 나지 않는 집은 사랑하는 가족이나 연인의 존재가 없음을 의미한다. 어둡고 차가운 집으로 혼자 들어가는 농민의 쓸쓸한 마음이 그대로 전해진다.

한국의 대표적인 노동요, 〈모심는 소리〉는 민중의 '삶의 노래'이다. 서민들의 생활상과 정서, 세계관을 담고 있다. 무엇보다 농사일의 고달픔을 노래로 해소했던 옛사람들의 건강한 의식을 엿볼 수 있다.

내용 확인하기

1. 〈모심는 소리〉에 대한 설명 중 올바른 것을 모두 골라 봅시다.

① 〈모심는 소리〉는 민중들 사이에서 자연스럽게 생겨난 노래이다.

② 〈모심는 소리〉는 논매기를 하면서 부르던 일노래이다.

③ 〈모심는 소리〉는 영남지역에서만 불렀다.

④ 일하는 상황에 따라 노래 부르는 방식과 노랫말이 다르다.

⑤ 〈저녁소리〉는 일을 마무리하는 단계에 불렀던 노래이다.

2. 농사일을 하면서 노래를 불렀던 이유는 무엇인지 써 봅시다.

3. 〈모심는 소리〉의 아침소리 노랫말에 풍년을 기원하는 내용이 많은 이유가 무엇입니까? 여러분의 생각을 이야기해 봅시다.

생각하며 표현하기

1. 민요의 종류와 노래 방식에 대하여 알아봅시다.

민요는 민중들의 생활 속에서 자연스럽게 형성되어 전승된 노래이다. 그래서 민중의 마음과 생활풍습을 잘 담고 있다.

민요의 기능에 따라 크게 세 가지로 구분하는데, 일할 때 부르는 노동요, 놀이할 때 부르는 유희요, 의례를 진행할 때 부르는 의식요가 있다. 또 특별한 기능 없이 즐거움을 위해 부르는 노래도 있는데, 한국의 대표적인 민요 〈아리랑〉이 있다.

민요의 노래 방식은 크게 선후창, 교환창, 제창, 독창이 있다. 선후창(先後唱)은 앞소리꾼이 먼저 노래를 부르고 뒷소리꾼이 후렴이나 노랫말을 받아 부르는 방식이다. 메기고 받는 방식이라고도 한다. 앞소리꾼은 뒷소리꾼이 노래를 부를 때 다음 노랫말을 생각한다. 교환창은 주고받는 방식이다. 앞소리꾼과 뒷소리꾼으로 나누어 노랫말을 주고받으며 문답식으로 부르는 방식이다. 제창은 다 함께 부르는 방식, 독창은 혼자 부르는 방식을 말한다.

2. 한국의 대표적인 민요로 〈아리랑〉이 있습니다. 노랫말에 '아리랑', '쓰리랑', '아라리' 등이 들어가는 노래는 모두 〈아리랑〉이라고 합니다. 그래서 지역마다 다양한 아리랑이 있습니다. 각 지역의 아리랑을 감상해 보고, 느낌을 이야기해 봅시다.

① 정선아리랑

② 서울아리랑

③ 밀양아리랑

④ 진도아리랑

확인하기

1. 민요가 무엇인지 써 봅시다.

2. 민요에 대한 설명 중 올바른 것을 모두 골라 봅시다.

① 〈모심는 소리〉는 노동요이다.
② 민요는 한국인의 정서와 생활을 잘 담고 있다.
③ 교환창은 한 명이 새로운 노랫말을 부르고 다른 사람은 후렴구를 반복해서 부르는 방식이다.
④ 힘든 노동의 괴로움을 잊기 위해 부르는 노래를 유희요라고 한다.

3. 〈강강술래〉는 한국의 대표적인 유희요입니다. 〈강강술래〉를 들어보고, 아래 사진을 참고하여 〈강강술래〉의 특징에 대하여 이야기해 봅시다.

〈출처: 한국민족문화대백과사전〉

체험하기

1. 경상도 지역의 대표적인 민요, 〈쾌지나칭칭나네〉는 놀이 현장에서 즉흥적으로 메기면서 부르는 방식으로 노래하는 것이 특징입니다. 〈쾌지나칭칭나네〉를 잘 듣고 따라 불러 봅시다.

2. 위 노래에서 메기는 소리의 노랫말을 바꾸어 불러 봅시다.

26강 옛날 옛적 호랑이 담배 피우던 시절에

설화는 입에서 입으로 말을 통해 전해지는 이야기 형태의 구비문학을 말한다. 이야기 전승자의 태도, 주인공, 시간과 장소, 증거물의 존재 여부, 이야기 전승 범위 등에 따라 신화와 전설 그리고 민담으로 구분한다.

신화는 전승자들이 신성하다고 생각하는 이야기이다. 주인공이 신이거나 신적인 능력을 가진 영웅이다. 시간적으로 아주 먼 옛날 태초의 이야기를 다루며 특별한 신성 장소를 무대로 한다. 한국의 신화는 크게 천지창조신화, 건국신화, 시조신화, 무조신화 등이 있다. 천지창조신화는 자연만물이 어떻게 생겼는지에 대한 이야기이며, 건국신화는 나라를 세운 이야기, 시조신화는 성씨의 시작에 관한 이야기, 무조신화는 무당이 모시는 신들의 이야기이다. 대표적인 신화는 해와 달이 된 오누이, 단군신화, 박혁거세신화, 주몽신화 등이 있다(권오경, 류종렬, 박경수 외. 2013: 72).

전설은 사실을 바탕으로 한 이야기이다. 그래서 제한적인 시간과 장소를 밝히고 구체적인 증거물도 제시한다. 신화가 신의 이야기라면, 전설은 비범한 인간과 그 행동에 대한 이야기이다. 전승자는 비록 경이롭고 기이한 이야기라도 증거물을 통해 실제로 일어난 일이라고 믿는다. 보통 그 지역에 있는 것을 증거로 제시하고 현실세계 경험을 바탕으로 연행되기 때문에 그 지역공동체 사람들 사이에서 전승된다. 따라서 전설은 그 지역 사람들이 공동체의식과 유대감을 가지게 하는 기능을 한다.

민담은 오로지 재미를 위해 상상 속에서 꾸며진 이야기이다. 시간과 장소가 불분명하여 '옛날 옛적에 한 농부가 살았는데…'와 같은 방식으로 이야기가 시작된다. 주인공은 평범한 사람으로, 힘든 고난을 겪으며 모험을 하고 불가능할 것 같은 기적을 이룬다. 상상 속의 주인공을 통해 사람들은 심리적인 위안을 얻고, 인간들의 소망과 욕망을 이야기 속에서 실현한다.

따라서 민담을 통해 그 시대 민중의 꿈과 세계관을 이해할 수 있다. 민담은 특히 불분명한 배경 설정으로 역사적인 현실이나 민족과도 동떨어지기 때문에 전 세계적으로 동일하게 나타나는 경우가 많다. 한국의 민담은 호랑이 이야기, 도깨비 이야기, 효자, 콩쥐팥쥐 이야기, 바보 이야기 등 다양한데, 대부분의 이야기는 권선징악勸善懲惡의 내용으로 끝난다. 그래서 민담은 사람들에게 재미와 즐거움을 주는 동시에 교훈적인 감동을 준다.

내용 확인하기

1. 설화에 대한 설명 중 올바른 것을 모두 골라봅시다.

① 설화는 문자로 전승되는 문학이다.

② 신화는 실제적 사실을 바탕으로 하기 때문에 많은 사람들이 믿는다.

③ 전설은 그 지역의 역사와 관계가 깊고 구체적인 증거물을 통해 사실이라고 믿는 이야기이다.

④ 신화는 다른 민족에게도 신성시되는 보편적인 이야기이다.

⑤ 민담은 즐거움을 위한 이야기로 듣는 사람도 그것을 알고 있다.

2. 다음 빈칸을 채워 봅시다.

	신화	전설	민담
주인공			평범한 인간
시간과 장소	태초, 신성한 장소		
증거물	포괄적 (천지, 국가)		
전승 범위			세계적
전승자의 태도		사실이라고 믿음	

생각하며 읽기

1. 다음은 한국의 대표적인 건국신화인 〈단군신화〉입니다. 신화의 특징을 생각하며 읽어보고, 물음에 답해 봅시다.

옛날에 하늘을 다스리는 환인의 아들 환웅이 인간의 세상에 관심을 두었다. 그래서 아버지는 아들 환웅에게 청동으로 만든 검과 거울 그리고 방울 등 신기한 물건 3가를 주며 인간 세상을 다스리게 하였다. 환웅은 바람, 비, 구름을 관리하는 신들과 부하 3,000명을 데리고 태백산 꼭대기에 있는 신단수 아래로 내려왔다.

이때 곰 한 마리와 호랑이 한 마리가 찾아와 사람이 되길 원하자, 환웅은 쑥과 마늘을 주면서 100일 동안 해를 보지 않으면 사람이 될 수 있다고 하였다. 곰은 쑥과 마늘을 먹고 21일 만에 여자(웅녀)가 되었다. 호랑이는 견디지 못하고 굴 밖으로 나가 버려서 사람이 되지 못했다.

웅녀는 혼인할 사람이 없었다. 그래서 환웅이 잠깐 사람으로 변하여 웅녀와 결혼하였다. 웅녀는 아들을 낳았는데, 그가 단군왕검이다. 단군은 평양성에 도읍을 정하고 나라를 세웠다. 이 나라는 고조선이라 불렀다. 단군왕검은 1500여 년 동안 나라를 다스렸고, 이후 산신이 되었다.

① 당시의 사회상을 알 수 있는 부분을 찾아 이야기해 봅시다.

② 토템 문화가 존재했음을 알 수 있는 부분을 찾아봅시다. 그리고 여러분 나라의 신화에는 어떤 토템 문화가 나오는지 이야기해 봅시다.

확인하기

1. 다음 〈조신의 꿈〉 이야기를 읽고 물음에 답해 봅시다.

옛날 신라에 조신이라는 승려가 있었다. 조신은 태수 김흔의 딸, 김 낭자를 몰래 사모하여 관음보살 앞에 가서 김 낭자와 결혼하게 해 달라고 날마다 빌었다. 어느 날 조신은 김 낭자가 혼인한다는 소문을 들었다. 조신은 관음보살 앞에서 밤새도록 울다가 잠이 들었다. 그때 갑자기 김 낭자가 나타나 조신에게 연분 맺기를 청했고, 조신은 기뻐하며 김 낭자와 고향으로 가서 아이 다섯 명을 낳고 40년을 함께 살았다.

(중략) 부부는 너무 가난하여 여기저기 구걸하면서 살았다. 명주 해현(지금의 강릉)에서 15살인 큰아들이 굶어 죽었으나 장례도 치르지 못했다. 이후 10살 된 딸아이가 구걸하러 나갔다가 개에 물려 다쳤으나 조신은 아무것도 해줄 수 없었다.

(중략) 김 낭자는 비참한 생활을 계속 하느니 서로 헤어지는 것이 좋겠다고 말했다. 그래서 각자 아이 둘씩 데리고 헤어지기로 하고 작별인사를 했다. 그 순간, 조신은 갑자기 꿈에서 깨어났다.

(중략) 조신은 절을 나와 꿈에서 큰아들을 묻었던 곳을 찾아가 땅을 팠고, 그곳에서 돌로 만든 미륵불상을 찾았다. 조신은 미륵불상을 깨끗하게 씻어서 가까운 절에 모시고 그동안 모은 재산으로 정토사(淨土寺)를 세우고 부지런히 착한 일을 했다.

① 주인공 조신은 무엇을 통해 깨달음을 얻게 되었습니까?

② 조신이 얻은 깨달음이 무엇인지 생각해 보고, 여러분이 조신이라면 어떤 느낌이었을지 이야기해 봅시다.

체험하기

1. 한국의 민담 속에 등장하는 도깨비에 대한 글을 읽고 물음에 답해 봅시다.

한국에서 가장 많이 구전되는 이야기 중에 하나가 바로 도깨비 이야기이다. 도깨비는 인간이나 동물의 모습을 한 상상 속 존재로, 대한민국의 응원단 붉은 악마에서부터 한류 드라마까지 다양한 영역에서 한국인의 사랑을 받고 있다. 다른 나라와 마찬가지로 초자연적인 존재이지만, 한국만의 독특한 성격을 가진다.

도깨비는 민간 신앙의 대상으로 신성적인 존재로 나타난다. 하지만 민중들의 이야기에서는 성격이 조금 다르다. 옛이야기 속 도깨비의 성격은 심술궂은 장난을 좋아하고, 미련한 편이라서 인간에게 잘 속지만 빌린 돈을 갚을 줄 아는 도덕성을 갖추었다. 또 춤과 노래를 즐기며 씨름과 같은 놀이를 좋아한다. 모습도 자유자재로 바꿀 수 있다. 도깨비감투를 쓰면 사람들에게 모습이 안 보이며 도깨비방망이를 두드리면 원하는 것을 모두 나오게 할 수 있다.

또 착한 사람은 돕고 악한 사람은 벌을 준다. 희로애락의 감정을 느낀다는 점에서 인간의 성정과 많이 닮았다. 옛이야기에서 도깨비는 인간에게 친근하고도 가까운 존재로 그려진다. 다양한 도깨비 이야기를 통해 옛사람들의 생활상과 소망 그리고 삶을 대하는 태도를 엿볼 수 있다.

① 도깨비가 나오는 이야기를 듣거나 드라마를 본 적이 있습니까? 도깨비에 대한 느낌을 이야기해 봅시다.

② 여러분 나라에도 도깨비와 같은 존재가 있습니까?

27강 탈춤은 왜 추었을까요?

탈춤은 얼굴에 탈을 쓰고 춤을 추면서 노래와 재담을 주고받는 연극 형식의 놀이이다. 그래서 탈놀이, 탈놀음이라고 한다. 또 민중에 의해서 창작되고 전승된 민속극이자 가면극이다. 춤, 노래, 연극 등 모든 민중예술이 모인 종합예술이라고 할 수 있다.

탈은 얼굴에 쓰는 물건으로 주로 사람이나 동물의 모양으로 분장할 때 사용하며, 가면假面이라고도 한다. 전통사회에서 탈은 인간 생활의 거의 모든 영역에서 사용되었다. 그 분포도 세계적이다. 주로 초자연적인 존재의 힘을 빌려서 귀신을 쫓거나 인간의 소망이나 문제를 해결하기 위한 주술의 도구로 사용되었다.

그렇다면 탈춤은 언제부터, 왜 추었을까? 탈춤의 기원에 대해 정확히 알기는 어렵지만, 보통 산대도감 계통과 마을굿 계통으로 나뉜다. 산대도감은 궁중의 재인 광대를 관리하던 관청으로 고려시대부터 있었다. 궁중의 행사나 외국 사신을 맞을 때 산대도감 소속의 광대들이 공연을 했다. 그러나 조선 인종 12년1634년 때 산대도감이 폐지되었고, 관청 소속 광대들은 먹고 살기 위해 전국을 다니며 공연을 하면서 탈춤이 확산되었다(권오경, 류종렬, 박경수 외, 2013: 118). 주로 큰 시장이 있는 곳에서 사람들에게 볼거리를 제공하기 위해 탈춤을 추었는데, 요즘으로 말하면 연예인을 초청하는 셈이다.

마을굿 계통은 농사를 짓던 전통사회에서 마을의 풍요와 재액을 기원하기 위해 추었던 탈춤을 말한다. 경상북도 안동의 하회별신굿탈놀이하회탈춤가 대표적이다. 한국의 탈춤 중에 가장 오래된 것으로 약 500년 전부터 시작되었다. 10년에 한 번씩 정월 보름날이나 마을에 특별한 일이 있을 때 마을의 서낭신을 위한 별신굿을 하는데, 그때 굿과 함께 서낭신을 즐겁게 하기 위하여 마을 사람들이 탈춤을 추었다.

양반을 조롱하거나 비판하는 내용이 많은데, 이는 조선시대의 신분사회에서는 상상도 할 수 없는 일일 것이다. 하지만 탈을 쓰고 노는 이 날 하루는 가능했다. 양반들이 일 년 내내 억압하다가 탈춤을 추는 하루만 풀어주는 것이다. 탈춤을 추는 날에는 서민들의 불만과 분노를 마음껏 분출할 수 있었다.

탈춤의 놀이 장면은 '마당' 또는 '과장'이라고 한다. 각 과장의 내용은 독립적이다. 지역마다 마당의 내용에 차이가 있지만, 양반을 풍자하고 비판하는 내용의 '양반과장'과 처첩 간의 갈등과 가부장적 사회제도를 비판하는 '할미-영감과장', 마을의 재액이나 귀신을 쫓는 '벽사辟邪마당' 등은 공통적으로 포함된다(권오경, 류종렬, 박경수 외, 2013: 119).

현재 전승되고 있는 산대도감 계통 탈춤으로는 해서지역의 봉산탈춤, 강령탈춤, 은율탈춤, 서울의 송파산대놀이, 경기도의 양주별산대놀이 등이 있다. 마을굿 계통 탈춤은 하회탈춤을 비롯하여 무언극으로 진행되는 강릉관노탈놀이 등이 대표적이다. 경상도 지역의 고성오광대, 통영오광대, 가산오광대, 부산의 수영야류와 동래야류는 산대도감 계통의 탈춤이면서도 마을굿의 특징도 지니고 있다.

내용 확인하기

1. 탈춤에 대한 설명 중 올바른 것을 <u>모두</u> 골라 봅시다.

① 안동 하회탈춤은 전문 광대가 추었던 탈춤이다.

② 마을의 안녕과 풍요를 위해 마을굿으로 탈춤을 추었다.

③ 탈춤의 각 과장 이야기는 연속적이다.

④ 탈춤은 주로 양반을 풍자하고 부조리한 사회제도 등을 비판하는 내용을 담고 있다.

⑤ 탈춤을 만들고 전승하는 주체는 민중이다.

2. 탈춤에 대한 설명입니다. 〈보기〉에서 알맞은 단어를 찾아 빈칸에 써 봅시다.

〈보기〉

조선시대	마당	산대도감	마을굿
양반	풍자	벽사	종합예술

① (　　　　　) 계통의 탈춤은 전문 광대가 전국의 시장을 돌며 공연하였던 탈춤이다.

② 탈춤의 놀이 장면은 (　　　　　)이라고 한다.

③ 안동 회회탈춤은 (　　　　　) 계통의 탈춤으로 한국에서 가장 오래된 탈춤이다.

④ 탈춤은 춤, 노래, 연극이 어우러진 (　　　　　)이다.

생각하며 이해하기

1. 다음 〈안동 하회탈과 허 도령 전설〉 이야기를 생각하며 읽어 봅시다.

하회탈이 만들어진 시기는 대략 고려 중엽, 12세기경으로 추정된다. 당시 하회마을에는 허 씨들이 모여 살고 있었다. 그때 마을에 재앙이 들어 사람의 힘으로는 도저히 막을 수 없었다.

어느 날, 마을에 살던 허 도령이라는 사람이 꿈을 꾸었다. 꿈에 신이 나타나 "탈을 12개 만들어서 그것을 쓰고 굿을 하면 재앙이 물러갈 것"이라고 계시를 하며, 탈이 "다 만들어 질 때까지 누구도 들여다보게 해서는 안 된다"는 금기까지 말했다.

꿈속에서 계시를 받은 허 도령은 그때부터 목욕재계하고 탈을 만들기 시작했다. 문밖엔 금줄을 치고 안에서 문을 걸어 잠근 채 두문불출하며 오랜 시간 동안 탈 제작에 몰두했다.

같은 마을에는 허 도령을 사모하던 한 처녀가 있었다. 어느 날, 처녀가 문밖에 금줄을 치고 나오지 않는 허 도령이 너무 보고 싶어서 금줄을 넘어 방문의 구멍을 뚫고 방 안의 허 도령을 들여다보았다.

"누구도 들여다보게 해선 안 된다"는 신의 금기가 깨어지는 순간 허 도령은 그 자리에서 피를 토하면서 죽었다. 그때 마지막으로 만들던 탈이 '이매탈'이었다. 그 이매탈의 턱을 만들지 못한 채 허 도령이 죽어서 지금까지 턱이 없는 채 전해져 오고 있다.

〈출처: 안동하회마을 하회동 탈박물관(www.mask.kr)〉

① 〈안동 하회탈과 허 도령 전설〉을 읽고 느낀 점을 이야기해 봅시다.

② 이매탈의 턱과 입이 없는 이유가 무엇인지 써 봅시다.

확인하기

1. 다음 사진은 각 탈춤의 '양반과장'에 나오는 하인, '말뚝이'의 모습입니다.

강령탈춤

고성오광대

수영야류

〈출처: 한국민족문화대백과사전〉

① '말뚝이'의 탈과 복식을 살펴보고, 말뚝이의 신분이나 성격, 특징에 대해 생각해 봅시다.

② 각 탈춤의 공연 영상을 찾아보고, 양반과장에 나오는 '말뚝이'의 역할에 대해 이야기해 봅시다.

체험하기

1. 봉산탈춤의 공연 영상을 찾아 감상해 보고, 가장 인상적인 장면은 무엇이었는지 이야기해 봅시다.

2. 여러분이 탈을 만든다면 어떤 모습의 탈을 만들고 싶습니까? 그 이유는 무엇인지 이야기해 봅시다.

3. 여러분이 원하는 모습의 탈이 있다면, 그것을 쓰고 누구에게, 어떤 말을 하고 싶습니까? 이야기해 봅시다.

9과

옛날 한국에서는 어떤 신을 믿었어요?

한국은 옛날부터 농경사회를 이루고 살았습니다. 그래서 농사의 풍년과 흉년을 결정해 주는 자연 현상을 중요하게 여겼고 이런 자연 현상을 나타나게 하는 신에게 기도를 하고 제사를 드리는 신앙이 자연스럽게 생겼습니다. 이렇게 일반 백성들 사이에서 만들어진 민간 신앙은 만든 사람이나 종교적인 원리가 없고 기도하는 방법도 제대로 만들어지지 않았습니다. 그러나 백성들 사이에서 자연스럽게 전해지면서 점점 믿는 사람이 많아졌습니다.

또 한국 사람들은 옛날부터 주변에 많은 신들이 있고 이 신들이 인간의 행복과 불행을 정해 준다고 생각했습니다. 그래서 자연을 해치는 행동을 하는 것을 아주 두려워하며 조심하였습니다. 자연뿐만 아니라 집에도 공간마다 신이 있었는데 이들을 '가신'이라고 합니다. 부엌에는 조왕신, 마루에는 성주신, 화장실에는 측신이 있다고 믿으며 이 신들과 사이좋게 지내야 집안이 평화롭고 그 집에 사는 사람들이 행복하게 살 수 있다고 생각했습니다.

한국의 대표적인 민간 신앙에는 무속 신앙, 점복예언, 풍수지리 등이 있습니다. 이들은 오랜 시간 동안 한국인들이 믿어온 자연 신앙으로 한국문화의 기본을 이루고 있습니다.

새해가 되어 일 년의 운을 알아보기 위해 점집을 찾아가는 것, 결혼이나 이사를 앞두고 좋은 날짜를 선택하려고 무당을 찾아가는 것, 돌아가신 조상의 무덤을 좋은 자리에 만드는 것들 모두 민간 신앙에 바탕을 둔 것입니다.

학습목표

1. 민간 신앙과 미신의 차이를 이해할 수 있습니다.
2. 기자 신앙을 이해할 수 있습니다.
3. 현대에 남아 있는 민간 신앙을 알 수 있습니다.

문화단어장

- 고사 :
- 굿 :
- 금기 :
- 무당 :
- 미신 :
- 부적 :
- 신나다 :
- 신명 :
- 운세 :
- 점 :

28강 무당은 어떤 사람이에요?

한국을 대표하는 종교는 무엇일까? 불교와 유교는 외국에서 들어온 종교이다. 한국, 중국, 일본과 비슷한 종교도 있지만 한국만 가지고 있는 독특한 종교가 있다. 그것이 바로 무속 신앙이다.

한국의 인기 TV 프로그램 중에 〈무엇이든 물어보살〉이라는 프로그램이 있다. 이 프로그램에서는 배경을 한국의 점집처럼 꾸미고 사회자들도 무당의 복장으로 앉아서 사람들의 고민을 상담해 준다. 그러나 이것을 보는 한국 사람들은 이상하다고 생각하지 못한다. 이렇듯 무속 신앙또는 무교은 한국 사람들의 생활과 가까운 종교이다.

무속은 무당이 자기가 모시는 신의 도움을 받아 사람을 도와주는 종교이다. 사람이 혼자 해결하기 힘든 문제가 생기면 무당에게 도움을 요청하고 무당은 자신의 신에게 기도를 드려서 그 해답을 준다.

이렇게 신과 인간을 연결해 주는 사람이 무당이다. 무당은 사람들의 문제를 해결해 주는 전문가이며 상담가이다. 무당은 사람들의 문제를 해결하기 위해 가장 기본적으로 점을 본다. 이때 신의 도움을 받아서 점을 보고 그 사람의 문제와 해결책을 알려준다. 신의 더 큰 도움이 필요하면 굿을 하기도 한다.

한국의 건국신화에 등장하는 '단군왕검'도 신에게 제사를 드리는 사람이었다. 당시에는 정치와 종교를 한 사람이 담당했기 때문에 무당이 나라를 다스리기도 했다.

무당은 누구나 될 수 있는 것이 아니다. 자연과 사물의 힘을 느낄 수 있고 다른 사람의 마음도 잘 이해할 수 있는 예민한 사람이 되는 것이다. 그 중에서도 신의 부름을 받아야 무당이 될 수 있다. 무당이 되면 평범한 생활을 포기하고 다른 사람을 도우며 신을 모시고 살아야 한다. 또 사회적으로 큰 환영을 받는 직업도 아니다. 그래서 사람들은 무당이 되지 않으려고 하지만 신들에 의해 결정된 사람은 피하기 어렵다(최준식, 2014: 163).

무당이 되면 신을 위해 기도하는데 이때 춤을 추며 노래를 부른다. 이 과정을 굿이라고 하는데 이때 한국의 전통 음악과 춤이 전해진다. 한국의 대표적 춤인 살풀이도 굿을 할 때 추던 춤이다.

함경남도 북청 무당의 무용

무당 방울

〈출처: 국립중앙박물관〉

내용 확인하기

1. 다음을 읽고 맞으면 O, 틀리면 X표 하세요.

① 한국의 민간 신앙은 왕들이 만들면서 시작되었다. (　　)

② 민간 신앙에서는 기도하는 방법이 정해져 있지 않다. (　　)

③ 무당은 자신이 직접 문제 해결 방안을 이야기해 준다. (　　)

④ 옛날 한국에서는 정치 지도자와 종교 지도자가 같은 사람이었다. (　　)

⑤ 남을 도와주기 좋아하는 사람이라면 누구나 무당이 될 수 있다. (　　)

2. 다음 설명에 해당하는 단어를 〈보기〉에서 찾아 쓰세요.

〈보기〉

굿	점	신	제사
기도	자연	살풀이	단군왕검

① 한국 사람들은 옛날부터 (　　　)을/를 해치는 행동을 조심하였다.

② 무당이 신을 위해 노래하고 춤추는 것을 (　　　)(이)라고 한다.

③ 무당은 신의 도움으로 고민이 있는 사람들에게 (　　　)을/를 봐준다.

④ 옛날에는 무당을 통해 한국 전통춤인 (　　　)이/가 전해졌다.

생각하며 표현하기

1. 다음은 김동리의 『무녀도』라는 소설의 내용입니다. 읽고 여러분의 생각을 이야기해 봅시다.

모든 것에 신이 들어 있다고 믿으며 전통신만 모시는 무당인 모화는 그림을 그리는 딸 낭이와 함께 경주의 오래된 집에서 살고 있었다. 그런데 어려서 집을 나갔던 아들 욱이가 돌아오면서 모화의 생활이 흔들리기 시작한다. 욱이는 기독교를 믿고 모화는 전통신을 믿기 때문에 서로 자주 싸우게 된다. 서로 사랑하는 엄마와 아들 사이지만 서로 다른 신 때문에 서로를 이해하지 못하는 것이다. 서로 다른 기도와 주문으로 대결하다가 모화가 성경책을 불태우고 이것을 말리는 욱이가 칼에 찔려서 죽게 된다.

그 후 마을에 교회가 생기고 힘을 잃게 된 모화는 죽은 여자를 위해 마지막 굿을 하게 된다. 굿을 하다가 모화는 물속에 빠지고, 낭이는 아버지를 따라 어디로 사라진다.

〈출처: 한국민족문화대백과〉

① 윗글에서 어거니와 아들이 갈등을 일으키는 이유는 무엇 때문입니까?

② 윗글에서 전통 신앙이 사라지는 모습을 표현한 부분은 어디입니까?

확인하기

1. 무당이 굿을 하는 이유에 대해 이야기해 봅시다.

2. 한국의 가신 신앙에 대해 이야기해 봅시다.

3. 여러분이 무당을 찾아간다면 무엇을 상담하고 싶습니까?

체험하기

1. 영화 〈박수건달(2013)〉을 보고 이야기해 봅시다.

〈출처: (주)쇼박스〉

① 어떤 내용의 영화일까요?

② 여러분이 주인공과 같은 상황이라면 어떻게 했을까요?

29강 삼신할머니께 빌어요.

옛날 한국에서는 아이를 낳아서 가족이 늘어나는 것은 노동력이 늘어나는 것을 의미했다. 그래서 아이를 낳는 것은 중요한 일이기 때문에 아기를 갖기 위해서 신들에게 기도를 드리고 아기를 가진 뒤에도 여러 가지 금기를 만들어 조심하며 생활했다(한미라 외, 2011: 165).

특히 아들을 갖기 위한 노력이 종교처럼 만들어졌다. 조선시대에 유교가 국교가 되면서 효도를 강조하고 돌아가신 조상에게 제사를 지내는 것을 아주 중요하게 생각했다. 제사는 집안의 남자들이 지냈기 때문에 아들을 특히 더 중요하게 생각하기 시작하였다. 아들은 집안을 유지하기 때문에 아들을 낳는 것이 효도이고 조상에 대한 의무였다.

아들을 낳기 위해서 제일 먼저 한 일은 아들을 낳을 수 있는 여자를 고르는 것이었다. 아들을 낳을 수 있는 여자의 외모에 대한 내용이 있는 책도 있었다.

결혼을 한 후에 여자는 아들을 낳기 위해서 여러 신들에게 기도를 드렸다. 가장 대표적인 신이 칠성신과 삼신이었다. 특히 삼신할머니는 아기를 그 집에 데려다 주고 7살이 될 때까지 보호해 주는 신이다. 또 돌부처나 제주도의 돌하루방의 코를 갈아서 물에 타 먹기도 했다. 이러한 믿음 때문에 요즘도 제주도에 여행을 가는 신혼부부들이 돌하루방의 코를 잡고 사진을 찍는다.

또 아들을 낳은 여자의 속옷을 훔쳐 와서 입기도 했다. 그리고 밤이 되면 달을 보며 기도를 드렸는데 달에는 음의 기운이 가득했기 때문에 아들을 낳는 데 효과가 있다고 믿었다.

또 임산부들은 임신 중에 먹는 음식도 좋은 것만 골라서 먹고 닭고기나 오리고기를 먹지 않았다. 닭고기를 먹으면 아이의 피부가 좋지 않고, 오리를 먹으면 손가락이나 발가락이 붙어서 태어난다고 생각했기 때문이다.

한국의 제사상이나 잔칫상에 밤이나 대추가 빠지지 않고 올라오는데 밤과 대추가 자손을 많이 낳게 해준다고 생각했기 때문이다.

이렇게 하여 아이를 임신하면 그때부터는 태교에 매우 공을 들인다. 태교는 임산부뿐만 아니라 그 가족 모두가 조심하여야 했는데 이렇게 해야 건강한 아이를 낳는다고 믿었다.

칠성도

삼신할미도

〈출처: 국립중앙박물관〉

내용 확인하기

1. 다음을 읽고 맞으면 O, 틀리면 X표 하세요.

① 딸을 낳는 것을 효도라고 생각했다. (　　)

② 남자아이를 더 좋아하는 것은 종교적 이유 때문이다. (　　)

③ 칠성신은 아이가 7살이 될 때까지 보호해 주는 신이다. (　　)

④ 집에 임산부가 있으면 다른 가족들도 행동을 조심했다. (　　)

⑤ 옛날에는 아들을 낳기 위해 오리고기를 먹지 않았다. (　　)

2. 다음 설명에 해당하는 단어를 〈보기〉에서 찾아 쓰세요.

〈보기〉

해	달	태교	무당
제사	대추	닭고기	삼신할머니

① 아들을 낳기 위해 (　　　　)을/를 보며 기도를 올렸다.

② 임산부들은 뱃속의 아이를 위해 (　　　　)에 신경을 쓴다.

③ 좋은 아이를 보내달라고 (　　　　)에게 기도를 드린다.

④ 아이를 많이 낳으라는 의미로 제사상에 (　　　　)을/를 올린다.

생각하며 표현하기

1. 다음 글을 읽고 생각을 이야기해 봅시다.

전통적으로 한국에서는 아들 낳는 것을 매우 중요하게 생각했다. 그래서 아들을 낳기 위한 여러 가지 '기자 풍습 - 아들을 기원하는 풍습'이 발달했다. 대표적인 방법에는 신의 힘을 빌리는 것, 특정한 대상에 기도를 드리는 것, 남에게 착한 일을 하는 것 등이 있다. 이런 과정을 통하여 임신을 하면 아이를 보호할 뿐만 아니라 훌륭한 아기를 낳을 수 있다고 생각했다.

그리고 임신 중 하면 안 되는 것들이 있었다. 먼저 태아(뱃속의 아기)를 위해 먹으면 안 되는 음식이 있다. 상어고기를 먹으면 아기의 피부가 거칠어지고, 식초를 먹으면 아이의 뼈가 약해진다고 한다.

또 임신 중 하면 안 되는 행동들도 있다. 임신 중에만 금기가 있는 것이 아니라 아이를 낳은 후에도 '삼칠의례'라 하여 삼칠일[21일] 동안 지켜야 하는 행동들이 있었다.

삼칠일이 지나면 모든 금기를 해제하며 아이를 다른 사람에게 보여주었다.

〈출처: 한국향토문화전자대전〉

① 여러분 고향에도 임산부가 임신 중에 먹으면 안 되는 음식, 하면 안 되는 행동이 있습니까? 친구들에게 이야기해 봅시다.

② 여러분 고향에서는 아들과 딸 중에서 누구를 더 좋아합니까? 그 이유는 무엇입니까?

확인하기

1. 한국에서 아들을 선호하는 이유를 설명해 봅시다.

2. 한국에서 아들을 낳기 위해 어떤 행동들을 했습니까?

체험하기

1. 다음 글을 읽고 여러분 고향의 출산 후 전통풍습과 비교하여 이야기해 봅시다.

옛날 한국에서 아이가 태어나면 그 집 대문에 금줄을 쳤다. 남자아이가 태어나면 숯덩이와 빨간 고추를 꽂고 여자아이가 태어나면 숯덩이와 솔가지를 꽂았다.

금줄이 쳐 있는 집에는 그 집의 식구 외에 다른 사람의 출입이 금지되었다. 가족 외에 다른 사람이 들락거리면 삼신할머니가 노해서 아이에게 해를 끼친다고 믿기 때문이다.

출산의 금줄은 보통 세이레(삼칠일, 27일) 동안 치고 이 시기가 지나면 깨끗한 장소에서 태운다.

금줄

〈출처: 국립민속박물관〉

2. 한국에서 아이를 낳은 산모는 미역국을 먹습니다. 여러분 고향에서는 산모가 어떤 음식을 먹고 어떤 음식을 먹지 않는지 조사하여 이야기해 봅시다.

30강 자동차를 사면 왜 고사를 지내요?

요즘도 한국 사회 곳곳에 민간 신앙이 많이 남아 있다. 한국의 유명한 록rock 밴드 중에 '시나위'라는 밴드가 있다. '시나위'는 원래 굿을 할 때 연주하던 음악이다. 한국을 대표하는 전통 노래인 판소리도 굿을 하면서 부르던 노래가 발전한 것이다.

그리고 시골 마을에 가면 큰 나무 근처에 돌을 쌓아 놓은 곳이 있는데 이곳을 '서낭당'이라 하고 그 나무를 '당나무'라 한다. 서낭당은 마을을 보호해 주는 수호신의 역할을 한다.

또 한국 사람들은 사무실이나 가게를 새로 열거나 무엇을 처음 시작할 때 고사를 지낸다. 새 차를 산 후에도 사고가 나지 않기를 바라며 새 차 앞에 상을 차려서 고사를 지내고, 그 해 처음 배가 바다에 나가기 전에도 무사 귀환과 풍어를 기원하며 고사를 지내기도 한다.

원래 고사란 액운을 없애고 풍요와 행운이 오도록 집안에서 섬기는 신들에게 음식을 차려 놓고 지내는 제사를 말한다. 옛날 한국에서는 음력 10월에 햇곡식으로 떡을 만들어 조상신들에게 감사의 의미로 기도를 드렸다. 그러나 현대에는 새로운 일을 시작할 때 떡과 돼지머리를 올려놓고 앞으로 하는 일이 사고 없이 잘 이루어지기를 여러 신들에게 기도한다.

특히 자동차 고사의 경우 새 차를 샀을 때 하기도 하지만 사고 후 사고가 다시 나는 것을 방지하기 위해 지낸다. 자동차 고사에서 북어와 실타래는 빠지지 않고 등장하는데 고사가 끝난 후 자동차의 트렁크 등 보이지 않는 곳에 북어와 실타래를 놓아둔다. 나쁜 것을 막아주는 부적의 역할을 하는 것이다. 또 경우에 따라서 자동차 바퀴 앞에 계란이나 바가지를 놓고 차로 그것을 깨기도 한다. 앞으로 일어날지 모를 사고를 예방하는 주술적 방법이다.

그리고 새해가 되면 무당을 찾아가 올해의 운세를 묻고 나쁜 일이 있으면 대비하기 위해 부적을 쓰는 사람도 있다. 일반 사람의 힘으로 할 수 없는 일을 해야 할 때 무당을 찾는다.

한국 사람들은 아주 즐거울 때 '신나다'는 표현을 사용한다. 여기서 '신'은 무당이 굿을 할 때 신을 받아서 아주 즐거운 상태로 춤추고 노래하는 것을 의미한다. 이렇게 시대가 바뀌어도 전통 신앙인 무속 신앙이 없어지지 않는 것은 한국 사람들도 모르는 사이 생활 깊이 무속 신앙이 자리잡고 있기 때문이다.

요즘에는 무속 신앙을 미신이라 생각하여 무시하고 없어져야 할 전통이라고 생각하는 사람도 있다. 하지만 무속 신앙은 한국 사람들의 마음 깊은 곳에서 한국 사람들을 위로해 주고 힘이 되어 주는 정신적 가치로 남아 있다.

당나무

〈출처: 국립민속박물관〉

내용 확인하기

1. 다음을 읽고 맞으면 O, 틀리면 X표 하세요.

① 무당은 죽은 사람에 관련된 일만 한다. (　　)

② 굿을 할 때 부르던 노래가 판소리로 전해진다. (　　)

③ 무속 신앙을 미신이라고 생각하는 한국 사람들이 있다. (　　)

④ 한국의 모든 도시에는 그 도시를 지켜주는 서낭당이 있다. (　　)

2. 다음 설명에 해당하는 단어를 〈보기〉에서 찾아 쓰세요.

〈보기〉

굿	선	미신	무속
부적	고사	제사	판소리

① (　　)은/는 무당이 굿을 할 때 아주 기분 좋은 상태를 나타내는 말이다.

② (　　)은/는 안 좋은 일을 미리 대비하기 위하여 쓰는 것이다.

③ 새 일을 시작할 때 잘 되게 해달라고 (　　)을/를 지낸다.

④ 한국 사람들의 마음속에는 (　　) 신앙이 자리잡고 있다.

3. '신나다'로 짧은 문장을 만들어 봅시다.

예) 동생은 신난 표정으로 소풍을 갔다.

생각하며 표현하기

1. 다음 신문 기사를 읽고 질문에 대해 생각해 봅시다.

신년운세

운세 시즌이다. 이맘때면 한 해 운수나 길흉을 알아보기 위해 점집을 찾는다. 시작일은 1월 1일이 아니다. 동지, 대한, 입춘 등 기준이 다르다. 운세는 물과 같아서 단칼에 자를 수 없기 때문이다. (중략) 용한 점집은 줄을 서야 할 정도다. (중략)

점술 시장 규모는 4조 원이 넘을 것으로 추정된다. 두드러진 특징은 젊은 층의 비중이 늘어나고 있다는 점이다. 구인구직 포털사이트가 지난해 10~30대 회원을 대상으로 조사한 설문에 따르면 응답자의 89.2%가 '운세를 본 경험이 있다'고 답했다. 10명 중 9명꼴이다. (중략) 운세 애플리케이션 규모도 5년 새 3년 이상 커졌다. 미래를 불안해하는 젊은이들이 많아졌다는 방증이다.

미래를 예측하는 수단으로 빅데이터가 부각하고 있다. (중략) 개인의 유전 요소, 경험, 습관, 행동 등의 데이터를 모아 분석하면 미래 삶의 모습을 어느 정도 그려볼 수 있다고 한다. (후략)

〈출처: e대한경제(2021.1.22), 박봉식 기자〉

① 여러분은 고향에서 운세(점)을 본 적이 있습니까?

② 컴퓨터가 운세를 보는 것에 대한 장점과 단점을 이야기해 봅시다.

확인하기

1. 한국의 무속 신앙이 현대에 어떤 형태로 남아 있는지 이야기해 봅시다.

2. 한국 사람들은 언제 고사를 지내는지 이야기해 봅시다.

체험하기

1. 다음 사진을 보고 이야기해 봅시다.

장승

나무나 돌에 사람의 얼굴 모양을 새겨 마을 입구나 길가에 세운 목상이나 석상을 가리킨다. 그 마을을 지키는 수호신의 역할을 하고 여행자들에게는 마을이 있음을 알려주는 표지판의 역할을 하기도 했다. 얼굴의 아래에는 '천하대장군 · 지하여장군' 등의 글씨를 서겨서 신앙의 대상으로 만들었고, 보통 남자 장승과 여자 장승이 함께 서 있다.

〈출처: 국립민속박물관〉

① 장승의 얼굴이 어떻습니까? 왜 그렇게 만들었습니까?

② 여러분의 집을 지키는 장승을 만든다면 어떤 얼굴로 만들고 싶습니까? 그려 봅시다.

참고문헌

1부

국제한국학회 편(1998), 『한국문화와 한국인』, 사계절.

박한나(2014), 『통으로 읽는 한국문화』, 박이정.

이규태(1983), 『한국인의 의식구조』, 신원문화사.

이상일 외(1976), 『한국사상의 원천』, 박영사.

임희섭 외(2002), 『한국의 문화변동과 가치관』, 나남출판.

조재윤 외(2009), 『외국인을 위한 한국문화 길라잡이』, 박이정.

1과 한복은 어떤 옷이에요?

권오경(2006), 「한국어교육에서의 한국문화교육의 방향」, 『어문론총』, 45호, 한국문학언어학회.

권오경(2009), 「한국어교육에서 문화교육 내용 구축 방안」, 『언어와 문화』, 5권 2호, 한국언어문화교육학회.

백문식(2018), 『한국 전통문화와 상상력』, 그레출판사.

조재윤 외(2009), 『외국인을 위한 한국문화 길라잡이』, 박이정.

최준식(2017), 『한국인의 생활문화-관혼상제의례와 복식문화』, 하우.

한미라 외(2011), 『한국인의 생활사』, 일진사.

국립민속박물관, www.nfm.go.kr

한국민족문화대백과사전, encykorea.aks.ac.kr

2과 한국에는 몇 가지의 맛이 있을까요?

권오경(2006), 「한국어교육에서의 한국문화교육의 방향」, 『어문론총』, 45호, 한국문학언어학회.

권오경(2009), 「한국어교육에서 문화교육 내용 구축 방안」, 『언어와 문화』, 5권 2호, 한국언어문화교육학회.
김명순 외(2013), 『떡과 전통과자』, 교문사.
문광현(2008), 「전통장류의 세계화」, 『식품문화 한맛한얼』, 1권 3호, 한국식품연구원.
손정우 외(2012), 『한국음식』, 파워북.
이한창(2016), 「한국의 장류」, 『식품과학과 산업』, 49권 3호, 한국식품과학회.
한복려(2004), 『우리 김치 백가지』, 현암사.
한홍의(2010), 『김치 위대한 유산』, 한울.

국립민속박물관, www.nfm.go.kr
김치박물관, www.kimchikan.com
떡박물관, www.tkmuseum.or.kr
한국민족문화대백과사전, encykorea.aks.ac.kr

3과 한국인의 전통 주거문화에 대하여 알아봅시다.

권오경(2006), 「한국어교육에서의 한국문화교육의 방향」, 『어문론총』, 45호, 한국문학언어학회.
권오경(2009), 「한국어교육에서 문화교육 내용 구축 방안」, 『언어와 문화』, 5권 2호, 한국언어문화교육학회.
김자경(2015), 『전통 주거에서 배우는 웰빙 주생활』, SPACETIME.
민수영(1999), 「한국전통주거의 교육적 기능과 의미 연구」, 연세대학교대학원 석사학위논문.
박경수, 최은숙(2017), 『외국인을 위한 이야기로 듣는 한국의 전통문화』, 부산외국어대학교출판부.
서울특별시(2014), 『알기 쉬운 한옥(신축) 길잡이』.
오선화(2017), 「주생활자료의 활용방식에 따른 박물관교육 성과 연구: 국립민속박물관의 어린이교육프로그램을 중심으로」, 한양대학교대학원 석사학위논문.
정세정(2013), 「초등미술교육에서 한옥 감상 지도 방안의 연구: 공간적 특성과 조형적 특성을 중심으로」, 한국교원대학교교육대학원 석사학위논문.
조동일, 이은숙(2017), 『한국문화, 한눈에 보인다』, 푸른사상.

주강현(2002), 『주강현의 우리 문화, (2) 구들에서 방아까지』, (주)미래엔.
최준식(2011), 『세계인과 함께 보는 한국 문화 교과서』, 소나무.
최준식(2014), 『한국문화 오리엔테이션 II』, 소나무.
한국국학진흥원(2012), 『한국인의 문화유전자』, 아모르문디
핸드릭 하멜 지음, 신동운 옮김(2020), 『하멜표류기』, 스타북스.

국립민속박물관, www.nfm.go.kr
경주 양동마을, yangdong.invil.org
안동 하회마을, www.hahoe.or.kr
서울한옥포털, hanok.seoul.go.kr
한국민족문화대백과사전, encykorea.aks.ac.kr
YTN사이언스, science.ytn.co.kr

4과 예의문화에 대하여 알아볼까요?

김득중(2009), 『실천 생활예절』, 중화서원.
김득중(2015), 『인성실천 생활예절』, 중화서원.
박광옥(2010), 『매너 있는 교양인을 위한 문화와 예절』, 21세기사.
조효순(2005), 『한국 전통생활문화와 현대예절』, 일지사.
주영애(2019), 『한국 가정의 생활문화』, 신정.
주영애(2020), 『한국의 효 문화』, 신정.
한국여성교양학회 예절연구회편(2002), 『생활예절』, 신정.

5과 가정의례에 대하여 알아볼까요?

권기호(1998), 「출산준비물」, 한국전통생활문화학회지 학술대회자료집.
김인옥(1999), 「태교신기를 중심으로 본 전통사회의 태교에 관한 고찰」, 한국전통생활문화학회지, 2(1), 117-130.
김희경(2006), 「돌 및 생일상차림 실태조사」, 숙명여자대학교 대학원 석사학위논문.
박경수, 최은숙(2018), 『외국인을 위한 이야기로 듣는 한국의 전통문화』, 부산외국어대학교 출판부.

박한나(2014), 『통으로 읽는 한국문화』, 박이정.
안혜숙, 주영애 김인옥(2002), 『한국가정의 의례와 세시풍속』, 신정.
이길표, 이영옥(1998), 「삼신상에 대한 연구」, 한국전통생활문화학회지, 1(1), 119-124.
이길표(2000), 「전통가례」, 한국문화재보호재단.
이상의(1998), 「책일상」, 한국전통생활문화학회지 학술대회자료집.
조후종, 윤숙자(2002), 『통과의례와 우리음식』, 희림.
주영애(2019),『한국 가정의 생활문화』, 신정.
책만드는사람(2010), 『관혼상제와 생활예절』, 은진미디어.

6과 세시의례에 대하여 알아볼까요?

강순예(2016), 「세시풍속 창작 동시의 문화적 활용」, 성신여자대학교 석사학위 논문.
국립민속박물관(2003~2007), 『조선대세시기 Ⅰ, Ⅱ, Ⅲ, Ⅳ』
김명자(2005), 『도시생활과 세시풍속』, 한국민속학.
민속학회편(1994), 『한국민속학의 이해』, 문학아카데미.
박한나(2014), 『통으로 읽는 한국문화』, 박이정.
안혜숙, 주영애, 김인옥(2002), 『한국가정의 의례와 세시풍속』, 신정.
이리경(2017), 「외국인 유학생대상 한국세시풍속문화 체험교육콘텐츠 연구」, 성신여자 대학교 박사학위 논문.
이수자(2014), 『조선 후기 세시풍속의 양상과 특징』, 단국대학교 동양학 연구원.
이춘자 외(1998), 『통과의례음식』, 대원사.
이은희(2015), 『하리하라의 음식 과학』, ㈜살림출판사.
장주근(2013), 『한국의 세시풍속』, 민속원.
장재천(2009), 『세시풍속의 사회교육적 의의』, 한국사상과 문화.
정승모(2001), 『한국의 세시풍속』, 학고재.
조후종, 윤숙자(2002), 『통과의례와 우리 음식』, 한림출판사.
최순권(2007), 「조선후기 장수에 관한 인식과 수연」, 국립민속박물관.
한호철(2016), 『세시풍속 이야기』, 지식과 교양.
홍석모 지음, 정승모 역(2009), 『동국세시기』, 풀빛.
황규선(2007), 『소중한 날의 상차림』, 교문사.

국립민속박물관, 한국세시풍속사전, folkency.nfm.go.kr
한국민족문화대백과사전, encykorea.aks.ac.kr
국립국악원, gugak.go.kr
한식재단, hansik.org/kr

7과 오늘은 무슨 놀이를 하면서 놀까요?

권오경(2006), 「한국어교육에서의 한국문화교육의 방향」, 『어문론총』, 45호, 한국문학언어학회.
권오경(2009), 「한국어교육에서 문화교육 내용 구축 방안」, 『언어와 문화』, 5권 2호, 한국언어문화교육학회.
박호순(2014), 『우리민속의 유래』, 비엠케이.
서윤희, 송유순 외(2019), 『전통놀이의 이론과 실제』, 예감출판사.
한국민속학회, 『민속놀이 축제 세시풍속 통과의례』, 민속원.
허순봉(2006), 『우리의 세시풍속과 전통놀이 백과사전』, 가람문학사.
홍명우(2009), 『전래놀이』, 보리.

국립민속박물관, www.nfm.go.kr
한국민족문화대백과사전, encykorea.aks.ac.kr

8과 한국의 민속예술에 대하여 알아볼까요.

권도영(2020), 『처음 만나는 한국민담』, 미래주니어.
권오경(2006), 「낙동강문화와 부산문화의 소통: 구비전승문학을 중심으로」, 『동남어문논집』, 제22집, 동남어문학회.
권오경(2008), 「韓 · 日 〈모심는 소리〉(田植歌)의 제의성(祭儀性) 비교 연구: 영남지역의 주고꾸(中國) 지역을 중심으로」, 『한국민요학』, 제24집, 한국민요학회.
권오경(2010), 「다문화사회 통합을 위한 민요의 역할과 방향」, 『한국민요학』, 제30집, 한국민요학회.
권오경, 류종렬, 박경수 외(2013), 『외국인을 위한 한국문학의 이해』, 부산외국어대학교출판부.

권오경(2018), 『한국민요현장과 경계넘기』, 민속원.
김진섭(2016), 『이야기 우리 문화』, 지성사.
김혜정(2015), 『국악교육의 지향과 민요의 교육적 활용』, 민속원.
박경수, 최은숙(2017), 『외국인을 위한 이야기로 듣는 한국의 전통문화』, 부산외국어대학교출판부.
박정미(2020), 「탈춤을 활용한 한국문화교육 방안 연구: 수영야류의 신명문화를 중심으로」, 『우리말글』, 제86집, 우리말글학회.
이헌홍 외(2012), 『한국 고전문학 강의』, 박이정.
정상진(2004), 『우리 민속과 전통문화』, 세종출판사.
조규익 외(2015), 『한국문학개론』, 새문사.
주강현(2004), 『우리문화의 수수께끼 2』, 한겨레출판.
최준식(2011), 『세계인과 함께 보는 한국 문화 교과서』, 소나무.

국립국악원, gugak.go.kr
국립민속박물관, www.nfm.go.kr
무형유산디지털아카이브, www.iha.go.kr
안동하회마을 하회동 세계탈박물관, www.mask.kr
한국민족문화대백과사전, encykorea.aks.ac.kr

9과 옛날 한국에서는 어떤 신을 믿었어요?

윤병화(2020), 『학예사를 위한 민속학 입문』, 예문사.
최준식(2014), 『세계로 나갈 때 꼭 챙겨야 할 한국 문화 오리엔테이션』, 소나무.
최준식(2011), 『세계인과 함께 보는 한국 문화 교과서』, 소나무.
표인주(2004), 『한국인의 생활양식과 전통문화예술』, 민속원.
한미라 외(2011), 『한국인의 생활사』, 일진사.

국립민속박물관, www.nfm.go.kr
무형유산디지털아카이브, www.iha.go.kr
한국민족문화대백과사전, encykorea.aks.ac.kr

정답 확인

1부

학습활동

1. 사진은 신라시대 때 만들어진 수막새에 새겨진 여성의 얼굴인데, '경주 천년의 미소'라고 한다. 편안하고 인간적인 이미지가 있다.
2. 깡다구 문화는 한국에서 흔히 찾아볼 수 있다. 오기, 칠전팔기, 오뚝이 정신, 정신력 등이 모두 이와 관련 있다.
3. (떡). 떡을 만들 때 떡 모양을 만들기 위해 누르는 판을 '떡살'이라고 한다.
4. 아래 사진은 '복권'이다. 차전놀이는 이긴 팀이나 동네가 풍년이 들고 좋은 일이 많이 생긴다고 믿었기 때문에 복을 바라는 마음에서 복권에 사용된 사례이다.

2부

2부 1과 4강

내용 확인하기

① O ② X ③ O ④ X ⑤ X

① 목면 ② 삼베 ③ 조바위 ④ 고름 ⑤ 온돌

생각하며 표현하기

1. **예시** : 현재의 한복 : 저고리가 짧다, 치마폭이 넓다. 등
   고구려의 한복 : 저고리가 길다, 치마폭이 좁다 바지를 입고 있다.
2. 은장도 : 남자나 여자가 장식용 또는 자신을 보호하기 위하여 차고 다니는 칼. 노리개처럼 장식용으로 사용하기도 하고 위급 상황일 때는 상대편을 공격하기도 하였다.

확인하기

1. **예시** : 몸에 붙지 않는 여유가 있는 옷이다, 곡선의 아름다움이 잘 나타난다. 등
2. 목화가 재배되면서 무명이 만들어지기 시작하여 일상복과 작업복을 만들어 입었다. 또 목화솜으로 된 두꺼운 옷을 만들어서 추운 겨울을 뜻하게 지낼 수 있게 되었고 솜이 이불에 사용되어 온돌의 발달과 함께 좌식문화가 발달하게 되었다.
3. 고려시대 귀족 여자들의 치마는 아주 길었고 외출할 때 쓰는 모자도 땅에 끌릴 만큼 길었다. 또 고려 중기에는 몽골풍이 유행하였고, 고려 말이 되면서 저고리가 짧아지며 고름이 생겼다.

체험하기

1.

〈출처: MBC-TV 월화드라마 주몽〉

2. 고향 옛날 전통 의상과 요즘 고유 의상을 비교하여 설명한다.

2부 1과 5강

내용 확인하기

1. ① O ② O ③ X ④ O ⑤ X
2. ① 패랭이 ② 스란 ③ 쓰개치마 ④ 대님 ⑤ 두루마기

생각하며 표현하기

1. ① 양반 여자가 평상시에 입는 저고리
   ② 돌이나 명절에 어린아이가 입는 저고리

2. 짚으로 만든 신도 똑같아 보이지만 오른쪽, 왼쪽으로 만들어져 짝이 있다는 말로, 보잘것없는 사람도 어울리는 자기 짝이 있다는 의미이다.

확인하기

1. 저고리 → 조끼 → 마고자 → 두루마기
2. **예시** : 몸매가 드러나지 않아 편하게 입을 수 있다.

체험하기

- 사진을 참고하여 한복을 입고 사진을 찍은 후 친구와 이야기한다.

2부 1과 6강

내용 확인하기

1. ① X ② O ③ X ④ O ⑤ O
2. 전통 저고리는 소매통이 넓고 저고리 길이도 짧아서 불편했다. 또 남자 바지도 통이 넓어 활동하기에 불편하여 최근 한국 사람들이 즐겨 입지 않게 되었다.

생각하며 표현하기

① 대를 이어 전통을 이어가는 고향 사람에 대해 조사하여 발표한다.

② 고향 전통 중에서 본인이 생각하는 대를 잇고 싶은 전통에 대해 이야기한다.

확인하기

1. 고유 한복과 생활한복의 차이점을 설명하고 생활한복의 색깔이 자연에서 염색한 것을 이야기할 수 있다.
2. 다른 나라 친구들에게 현대화된 전통 의상을 설명할 수 있다.
3. 한복을 자주 입을 수 있는 방법에 대한 자신의 생각을 이야기할 수 있다.

체험하기

- 한복을 입었던 경험에 대해 설명할 수 있다.
- 입고 싶은 한복에 대하여 설명할 수 있다.

2부 2과 7강

내용 확인하기

1. ① X ② X ③ O ④ O

2. ① 김치 ② 장류 ③ 젓갈 ④ 양념 ⑤ 영양분

생각하며 표현하기

1. 재료 : 수박 속껍질, 식초, 청양고추, 마늘, 소금
   맛 : 수박은 아삭하고 국물은 시원하고 칼칼함.
2. **예시** : 수박김치에 대해 자신의 생각을 이야기한다.

확인하기

1.

주재료	김치 종류
배추	배추김치, 보쌈김치, 양배추김치, 백김치, 배추겉절이 김치, 배추동치미, 배추 물김치
무	총각김치, 알타리김치, 빨간 무김치, 무청김치, 나박김치, 단무지, 무 백김치, 무장아찌, 무말랭이, 무짠지, 무섞박지, 무겉절이 김치, 알 깍두기, 동치미, 무생채
기타	통대파 김치, 갈치식해, 가을콩잎 절임, 생굴김치, 파김치, 갓김치, 고춧잎김치, 깻잎 김치, 고들빼기김치, 마늘장아찌, 마늘쫑 장아찌, 더덕 소박이, 도라지생채

2. 배추김치 담그는 법

① 재료 : 배추, 쪽파, 미나리, 양파, 배, 새우젓, 멸치액젓, 양념(다진 마늘, 생강, 생새우, 설탕, 찹쌀가루, 굵은 소금, 고춧가루)

② 담그는 법

1) 배추를 잘 다듬어 반으로 자르고 소금을 적당량 물에 푼다.
2) 소금물에 배추를 적시고 배추의 사이사이 소금을 부려 절인다.
3) 잘 절여진 배추를 꺼끗하게 씻어 물기를 뺀다.
4) 양념을 만든다. 고춧가루에 찹쌀풀(물+찹쌀가루), 쪽파, 양파, 무, 미나리, 다진 마늘, 생강, 생새우, 젓갈을 넣어 섞는다.
5) 절인 배추 사이사이에 양념을 골고루 버무린다.

6) 통에 담는다.

3. 간장, 된장, 고추장을 이용하여 만든 음식 중 맛있었던 음식을 소개한다.

체험하기

1. 주변에서 고추장 만들기를 체험할 수 있는 곳에 가본다.

2부 3과 8강

내용 확인하기

1. ① O ② O ③ X ④ X

2.

감자옹심이	강릉
동래파전	부산
아귀찜	마산
재첩국	하동
충무김밥	통영
한우불고기	언양
헛제삿밥	안동

생각하며 표현하기

1. ① 비위생적이다.

② 일제강점기 때부터 재래돼지의 능력 개량을 목적으로 외국에서 개량종이 도입되기 시작했고 비위생적이라는 이유로 화장실 개량 사업이 추진되면서 순수 재래돼지의 개체 수가 급격히 줄어들어 멸종 위기에 처하게 됐다. 재래종에 대한 관심과 유전자원에 대한 인식이 고조되면서 도 축산진흥원에서는 1986년에 재래흑돼지 5마리(암컷 4, 수컷 1)를 확보해 순수 계통번식을 통한 보존사업을 추진해 현재 제주의 대표음식이 되었다.

확인하기

1. 춘천 닭갈비, 수원 왕갈비, 제주 흑돼지구이, 전주비빔밥, 의정부 부대찌개, 안동 찜닭, 강릉 초당순두부, 담양 떡갈비, 포항 과메기, 영덕 대게, 나주 곰탕, 영광 굴비, 벌교 꼬막, 여수 갓김치, 남원 추어탕, 고창 풍천장어, 태안 게국지, 속초 오징어순대, 정선 곤드레나물밥 등

2. 한국의 지역 대표 음식 중 먹어보고 싶은 음식을 말한다.

3. 한국의 대표 음식 중 자신의 나라에서 인기가 많은 음식을 소개한다.

체험하기

1. 우리 지역의 대표음식을 찾아 먹어 본다.

2부 3과 9강

내용 확인하기

1. ① X ② O ③ X ④ O

2. ① 떡국 ② 송편 ③ 찹쌀경단 ④ 백일떡 ⑤ 재료 ⑥ 제조방법 ⑦ 식혜

생각하며 표현하기

1. 엿장수가 불렀던 노래를 찾아 가사를 바꾸어 불러본다.

확인하기

1.

찌는 떡	백설기, 콩설기, 쑥설기, 수삼설기, 백편, 승검초편, 석이편, 대추고편, 무지개떡, 느티떡, 무(찰) 시루떡, 설구편(과일떡), 약편, 생녹두편, 녹두편, 쇠머리떡, 팥시루떡, 구름떡, 두텁편, 콩찰떡, 잡과병, 오색송편, 두텁떡, 쑥갠떡, 증편, 방울증편, 단호박편, 호박미시루떡, 호박찰시루떡, 가래떡
치는 떡	삼색인절미, 개피떡(바람떡), 절편, 대추단자, 색단자, 은행단자, 석이단자, 유자단자
지지는 떡	화전, 근떡, 수수부꾸미, 찹쌀부꾸미, 주악
삶는 떡	수수경단, 오색경단, 개성물경단
별미 떡	약밥

2.

봄	여름
삼짇날–진달래 화전 한식–쑥떡 단오–수리취절편	유두–상화병, 밀전병 삼복–증편
가을	**겨울**
추석–송편	동지–찹쌀경단 설날–떡국

3. 알고 있는 한국 전통 과자를 소개한다.

체험하기

1. 한국 디저트 카페를 차릴 경우 만들고 싶은 메뉴와 가격을 정해 이야기한다.

2부 3과 10강

내용 확인하기

1. ①, ④, ⑤

2.

	지붕의 재료	특징
초가집	볏짚	여름에는 시원하고, 겨울에는 집안의 공기가 밖으로 빠져나가지 않아 따뜻하다. 그러나 볏짚이 빗물, 눈 등 물에 약하기 때문에 잘 썩고 불에 약하다. 1년에 한 번 지붕을 교체해야 한다.
너와집	너와(나무)	너와 사이에 틈이 있어 여름에는 바람이 잘 통하고, 겨울에 눈이 쌓이면 집 간의 온기가 빠져나가지 않아 따뜻하다.
기와집	기와(흙)	흙으로 구운 기와로 지붕을 만들기 때문에 튼튼하고 빗물이 새거나 썩지 않으며 불에 잘 타지도 않는다. 하지만 재료가 비싸다.

생각하며 읽기

1. 한옥은 사는 곳의 기후에 따라 집의 모양과 구조가 다르다. 지도를 보면 한국은 위아래로 길쭉한 모양인데, 북쪽으로 갈수록 추워지고 남쪽으로 갈수록 점점 따뜻해진다. 더운 남부지방은 바람이 잘 통하는 구조로 집을 짓는다. 그러나 북부지방은 춥기 때문에 찬바람을 막을 수 있도록 방들이 서로 붙어 있고, 마루가 작거나 없는 집이 많다.

확인하기

1. ① O　② X　③ X　④ O

2. 초가집의 지붕을 만들기 위해 볏짚을 엮고 있다. (이엉을 엮는다.)

체험하기

1. **예시** : 한옥의 지붕이 하늘을 나는 새의 날개처럼 날렵하고 아름답다.
   예시 : 한옥의 지붕이 하늘을 담는 그릇처럼 보인다.

2부 3과 11강

내용 확인하기

1. ①, ③, ④
2. 여름을 시원하게 나기 위한 거처, 마루 아래는 곡식이나 다양한 물건 등을 보관, 집안의 대소사가 이뤄지는 장소이다.
3. **예시** : 베트남은 아열대기후라서 비가 많이 내리고 더운 날이 많습니다. 특별한 난방장치는 없습니다. 비가 많이 내리고 덥기 때문에 땅에 기둥을 세우고, 그 위에 집을 짓습니다. 그래서 뱀이나 벌레가 집안에 들어오지 않게 합니다. 또 비가 내리면 빗물이 고이지 않도록 지붕을 뾰족하게 만듭니다. 통풍이 잘 되도록 천장을 높이 짓고 대문을 크게 만듭니다.

생각하며 이해하기

2. **온돌문화의 장점** – 난방과 취사가 동시에 가능하다. 한 번 불을 때면 오랫동안 따뜻하다. 연기는 굴뚝을 통해 빠져나가기 때문에 집안에 연기나 재가 날리지 않는다. 과학적인 난방방식으로 현대에 와서도 찜질방, 온돌매트, 흙침대, 돌침대, 현대식 보일러 등에 활용되고 있다. 친환경 난방방식으로 건강에 좋다.
   온돌문화의 단점 – ① 자연 훼손 : 땔감(나무) 때문에 나무를 많이 훼손하여 산이 황폐해졌다. 현대에 와서는 온수 온돌문화로 나무를 사용하지 않는다. ② 좌식문화의 단점 : 신발을 벗고 방에 앉아야 하기 때문에 불편한 점이 많다. 방바닥에 앉으면 무릎이나 다리가 아플 뿐만 아니라, 옷이 구겨지거나 짧은 치마 때문에 행동이 불편하다. 요즘은 편리한 입식문화를 선호하기 때문에 식당도 모두 의자로 교체하거나 실내에서도 소파에 앉는 경우가 더 많다.

확인하기

1. 좌식문화, 방 안의 가구 높이가 낮아짐, 한복의 품이 넉넉해짐, 앉아서 하는 놀이문화가 발달, 윗목과 아랫목을 구분하여 손님이나 웃어른을 대접하는 예절문화 등

2. 산을 등지면 추운 겨울에 따뜻하고 연료를 구하기 쉽고, 집 앞에 물이 흐르면 농업 용수나 식수 등을 해결할 수 있다.
3. **예시** : 베트남은 아열대기후이기 때문에 땅의 열기나 습기, 벌레, 뱀이 집안에 들어오지 않도록 땅 위에 기둥을 세우고 그 위에 집을 짓는다(고상식 가옥).

체험하기

2. 찜질방에서 처음 온돌을 경험했다. 처음에는 오븐 속의 빵처럼 구워지는 느낌이었다. 그러나 땀을 많이 흘리고 나니 오히려 몸이 가벼워지고 피곤이 풀리는 듯했다.
3. 온돌식 보일러, 찜질방 등

2부 3과 12강

내용 확인하기

1. ①, ⑤
2.

이름	주 사용자	공간의 목적
사랑채	남자	학문, 자녀교육, 정치적·사회적 교류
안채	여자	집안 살림, 며느리와 딸의 교육, 출산, 집안의 대소사
행랑채	하인	하인 및 손님 사용, 외부로부터 방어

생각하며 읽기

2. **예시** : 베트남은 집 내부에 조상을 섬기는 재단을 둔다. 매일 조그만 음식을 장만하여 조상을 모신다.

확인하기

1. ① X : 아버지와 아들은 각자 사랑방을 사용하였는데, 방의 크기나 천장의 높이 등에 차이를 두었다.
   ② O
   ③ O
   ④ X : 안채에서 함께 식사를 하는 경우도 있지만, 남녀가 따로 다른 상에서 식사하였다.

2. **같은 점 :** 손님 접대, 가족의 여가생활(TV시청, 독서 등)

다른 점 : 마루는 여름에만 주로 사용, 곡식이나 물건을 두는 보관 장소로 사용, 창문이 많아 통풍이 잘 되고 개방적인 공간, 현대의 거실은 계절의 구분 없이 사용 가능하고 보통 집 내부에 있어 옛날의 마루처럼 완전히 개방적인 공간은 아니다.

2부 4과 13강

내용 확인하기

1. ① 측은지심(惻隱之心) : 측은해하는 마음, 불쌍히 여기는 마음

② 수오지심(羞惡之心) : 부끄러워하는 마음

③ 사양지심(辭讓之心) : 사양하는 마음

④ 시비지심(是非之心) : 잘잘못을 가리는 마음

2. ① 자기관리 곧 수신예절(수기) : 예절은 자기 안에 있으며 자기 자신에게 작용하게 되는 것으로 그 본질은 정성스러운 마음, 즉 자기 수양에 있습니다. **예시** : 시간관리, 경제적인 관념, 건강한 몸을 유지하기 위해 운동하기, 몸을 깨끗이 하는 것 등

② 대인관계(치인) : 타인을 대할 때 내가 공경하는 자세로 사랑의 마음을 갖게 되면 상대방은 편안함을 느끼게 되고 그 결과 나 자신도 기쁨을 얻게 됩니다.

예시 : 약속 지키기, 공동구역 청소하기, 상대방에게 공손하게 대하기, 상대방의 입장에서 들어주기 등

③ 우리 모두에게 관련되는 것 : 수기와 치인이 온전히 유지될 때 공동체 구성원인 우리 모두가 편안하고 기쁘며 조화를 이루어 밝고 명랑한 사회를 이룩할 수 있습니다. **예시** : 협동하여 청소하기, 팀워크로 결과물 만들기, 공동체를 위하여 질서 지키기, 지하철, 버스 탈 때 질서 지키기, 코로나 시대에 마스크 쓰기, 타인에게 피해 안주기 등

생각하며 표현하기

1. 언어예절 ① 존칭어 사용 ② 겸양어 사용 ③ 목소리 톤, 억양

2. 행동예절 ① 잘 모르는 사람에게도 나보다 나이가 많으면 무조건 인사부터 하는 것, ② 외부장소에 방문했을 때, 내가 어디에 앉아야 하는지, 서 있어야 하는지 모를 때가 많다.

확인하기

1. ① 예의는 상대방을 존중하는 것입니다.
   ② 질서를 잘 지킬 때 공동생활을 조화롭게 할 수 있습니다.

체험하기

1. 교수님. 제가 과제 제출 날짜를 깜빡 잊고 놓쳐버렸습니다. 다시 제출할 수 있도록 기회를 주십시오. 내일 오후에 찾아뵙겠습니다.

2부 4과 14강

내용 확인하기

1. 동서남북
2. 북쪽
3. 동쪽, 서쪽
4. 양, 음

생각하며 표현하기

1. ① 상하급의 좌석 배치
   - 북쪽(사장님), 동쪽(부장님), 서쪽(과장님) 순으로 앉습니다.

   ② 남녀의 좌석배치
   - 남자의 자리는 동쪽에, 여자의 자리는 서쪽에 자리합니다.
   - 서열이 가장 높은 사람이 북쪽에 가깝게 자리합니다.

   ③ 주인과 손님의 좌석배치
   - 주인은 동쪽에, 손님은 서쪽에 자리합니다.
2. 직장, 학교, 동아리, 가족관계 등이나 사회생활, 대인관계, 학교생활 등

확인하기

1. 중앙과 양단에서 상석은 중앙입니다.

체험하기

1. ① 2. ②

2부 4과 15강

내용 확인하기

1. 다른 사람과의 관계를 원만하게 하고 질서를 유지하기 위한 규범과 절차가 필요하다.
2. 예법 : 아무렇게나 행하지 않고 예의를 갖추어 행하는 자세.
3. 평상시의 공수법은 남자는 왼손이 위로 가고, 여자는 오른손이 위로 가게 공수한다. 이는 왼쪽은 동쪽이고 동(東)이 양(陽)이기 때문에 양(陽)인 남자는 왼손을 위로 하고, 오른쪽은 서쪽이고 서(西)는 음(陰)이기 때문에 음(陰)인 여자는 오른손을 위로 한다.

생각하며 표현하기

1. ① 예법 ② 약속 ③ 약속해 놓은 생활방식
2. 한국 예절과 어떤 것이 다른지 말해 보세요.

확인하기

1. 예절이란 생활문화의 전통 속에서 형성된 도덕성에 근거한 사회적 질서의 규범 및 행동의 표준 절차 등을 일컫는 말로 예의범절의 준말이다.
2. 한국 사람은 두 손을 앞으로 모아 잡는데 이것을 공수(拱手)라고 한다. 한국 사람은 공수를 바른 예절의 기본이라고 했다.
3. 흉사란 사람이 죽은 때부터 약 백일 간을 말한다. (졸곡: 곡이 끝나는 날)
4. 평상시의 공수법은 남자는 왼손이 위로 가고, 여자는 오른손이 위로 가게 공수한다. 흉사(凶事) 시에는 평상시와 반대로 남자가 오른손을 위로 하고, 여자가 왼손을 위로 하여 공수한다. (산 사람은 동쪽이 상석이고, 죽은 사람은 서쪽이 상석이다.)

2부 5과 16강

내용 확인하기

1. ① 백설기 : 신성하고 깨끗한 정신

② 수수경단 : 액운을 면하라고
③ 인절미 : 딱 붙고 차지게 살라고
④ 송편 : 꽉 채워지게 살라고
⑤ 국수 : 수명장수
⑥ 대추 : 자손 번영

생각하며 표현하기

1. ① 돌옷 : 돌날에는 아기에게 전통 한복을 입히는데 남자아이는 도령옷으로 입히고 여자아이는 색동저고리와 치마로 단장한다.

   ② 돌상의 음식 : 백설기(깨끗한 정신),
   붉은 빛의 수수경단(액운을 면하고),
   배가 볼록하게 빚은 송편(식복이 있으라고),
   대추와 과일(열매를 맺듯이 자손이 번영)하라는 축복의 뜻으로,
   국수(수명장수)를 비는 뜻으로 준비한다.

   ③ 돌잡이 : 돌상 위에 돈과 활과 붓을 놓고 아이가 첫 번째 잡는 것으로 아기의 장래를 점치며 기뻐하는 풍습이다.
   돈은 부귀를, 붓은 학문을, 활은 용맹을 상징하며, 여자아이일 경우에는 자, 색지, 실을 놓는데 이는 바느질 솜씨를 으뜸 덕목으로 삼았기 때문이다.

확인하기

1. 남자아이와 여자아이의 돌상에서 다른 점을 살펴보면, 남자아이의 경우 무예에 뛰어나라는 의미에서 앵두나무 혹은 뽕나무로 만든 활과 화살이 있으며, 여자아이의 경우 솜씨 있는 사람이 되길 바라는 의미에서 색스럽게 꾸민 자를 놓았다.
2. 돈은 부귀, 붓과 벼루(책과 공책)는 학문에 뛰어나라, 활, 화살은 용맹, 실타래는 수명장수의 뜻이다. 여자아이일 경우에는 자, 색지는 바느질 솜씨가 뛰어나라는 뜻이다.

체험하기

1. ① 엄마와 아빠, 가족 모두가 파티복을 입습니다. 돌잡이로는 판사봉, 청진기, 마이크, 골프공 등 경제적인 것(부귀)과 연계된 것이 많아졌고, 인기를 많이 얻게 되

라고 연예인이 되라는 뜻도 포함되었습니다.

② 손님들은 뷔페음식을 드시고 축의금을 드린다.

2부 5과 17강

내용 확인하기

① 신부 ② 신부집 ③ 신랑과 신부의 부부서약

생각하며 표현하기

1. 혼례란 천지의 화합, 이성(二姓)이 화합, 백년해로 한다. 위로는 종묘를 섬기고, 아래로는 후손을 이어 효를 실천하고 화육에 참여하는 데에 있다.
2. '전안례'라고 한다. 기러기를 드리는 의미는
   ① 새끼를 많이 낳아 화목하고,
   ② 질서를 잘 지키며,
   ③ 절개를 지켜 평생 한 짝만 바라보며 살겠다는 약속을 하는 것이다.

확인하기

1. 전통혼례에서 삼서정신이란 부모와 하늘과 배우자에게 맹서하는 것이다.
   ① 서부모 : 초자례(신랑), 초녀례(신부)를 중심으로 혼인 후 잘 살 것을 부모님께 맹서한다.
   ② 서천지 : 하늘과 땅에 맹서한다.
   ③ 서배우 : 합근례를 통해서 배우자에게 맹서한다.
2. 라 - 나 - 가 - 마 - 다 - 바

체험하기

1. 가 – ② (신부활옷), ⑫ (신랑 곤룡포), ⑨ (신랑옷), ⑩ (신부옷),
   나 – ①, 다 – ⑧, 라 – ⑥ (비녀), ⑦ (족두리), 마 – ③, 바 – ⑤, 사 – ④

2부 5과 18강

내용 확인하기

1. 수연이란 육순(六旬)을 넘긴 분의 생신을 축하하는 연회를 말하는 것으로 어른의 생신에 자녀들이 술을 올리는 헌수(獻壽)의식을 통해 오래 사시기를 기원하는 의례이다.
2. 회갑연은 61세의 생신 때 열리는 잔치이다.

종류	의미
육순(六旬)	회갑을 맞기 1년 전인 60세의 생신
회갑(回甲)	환갑(還甲), 주갑(周甲), 화갑(華甲), 화갑(花甲)이라고도 한다. 61세의 생신
칠순(七旬)	고희(古稀), 희수(稀壽)라고 하는 70세 생신
팔순(八旬)	열(旬)이 여덟(八)이라는 뜻으로 80세의 생신
구순(九旬)	90세의 생신
백수(白壽)	99세는 '백(百)'자에서 일(一)을 뺀 글자인 '백(白)'자를 써서 백수(白壽)라 한다.

3. 고희, 희수

생각하며 표현하기

1. **예시 :** 자손들이 도시에서 직장생활을 하는 가족이 대부분이기 때문에 시간을 맞추기가 어려우므로, 가족이 모여 뷔페식당이나 음식점에서 식사를 하며 축하를 하고, 여행을 보내드리는 것도 좋은 점이 있다고 생각합니다.
2. **예시 :** 베트남도 한국과 같이 유교의 영향을 많이 받았기 때문에 가정이나 사회생활에서 어른을 공경하고 예의범절을 중요하게 생각합니다. 하지만 한국에 비해 절차가 복잡하지 않고 권위적이지는 않다고 생각합니다.

확인하기

1. 망상은 체면을 위한 과시적인 면도 있습니다. 그러나 자손들이 부모님께 효도하려는 마음에서 우러나온 행사로서 자신들이 훌륭하게 잘 성장하였다는 것을 보고 부모님께서 기뻐하실 것이라는 효심에서 우러나온 마음일 것입니다.
2. 수연잔치에 오신 손님도 수연 당사자의 수명복록을 염원하기에 국수를 대접하여

모두 오래도록 건강하게 사시라는 의미가 담겨 있습니다.

3. 부모님 앞에서는 모두가 어린아이가 된다는 뜻입니다. 회갑인 당사자는 다시 태어난 해이기 때문에 어린아이가 되어 부모님 앞에서 재롱을 부리는 모습입니다.

체험하기

1. **예시 :** 가족이 모여 춤추고 노래하는 장면이 인상적이었습니다.
2. **예시 :** 일본에는 환갑잔치와 같은 행사는 없지만, 공공기관에서 성인식과 같이 노인을 대상으로 기념행사를 열기도 합니다. 장수를 기원하는 도시이와이가 있는데, 환갑이 넘으면 붉은 웃옷에 붉은색 두건을 쓰고 붉은 방석에 앉아 있습니다.
3. **예시 :** 일본에서 선물문화는 정말 중요합니다. 비싼 물건이 아니더라도 손편지나 과자, 기념품 등을 자주 선물합니다. 사회생활에서 필수적이라고 할 수 있습니다. 작년 아버지 생신에는 한국의 전통 막걸리와 김을 선물하였습니다. 제가 한국에 있기 때문에 방학 때 고향에 갈 때마다 작은 기념품이나 먹을거리 등을 꼭 선물해 드립니다. 부모님과 친구에게 선물하는데 정말 좋아하십니다.

2부 6과 19강

내용 확인하기

1. ① X ② O ③ O ④ O
2.

세시명절	날짜(음력)	음식	놀이
설	1월 1일	떡국	윷놀이, 팽이치기, 널뛰기제기차기, 연날리기
단오	5월 5일	수리취떡	그네타기
추석	8월 15일	오려송편	농악, 투호놀이
동지	12월 22일(양)	팥죽	X

생각하며 표현하기

1. ① 경험한 것 : 정월대보름날 달구경, 달에게 소원 빌기, 추석 송편 먹기, 설날 연날리기

   ② 느낀 점 : 한국적인 정서, 정을 느꼈다.

2. 현대 세시풍속 : 데이 시리즈(Day)

계절	세시풍속			데이 시리즈		
	음력	명절	날짜	명명		의미
봄	1월	설	1일	14일	다이어리 데이	서로 일기장을 선물하는 날
		대보름	15일			
	2월	머슴날	1일	14일	발렌타인 데이	우리나라에서는 여성이 사랑을 밝힐 수 있는 날
	3월	삼짇날	3일	14일	화이트 데이	남성이 사랑하는 여성에게 사랑을 고백하는 날
		한식	4월 5~6일			
여름	4월	초파일	8일	14일	블랙데이	솔로를 위한 기념일, 발렌타인데이와 화이트데이 날 선물을 받지 못한 남녀가 새카맣게 타버린 마음을 드러내는 날로 자장면을 먹는 날.
	5월	단오	5일	14일	로즈데이	연인들끼리 사랑의 표현으로 장미꽃을 주고받는 날
	6월	유두	15일	14일	키스데이	서로의 마음을 다시 한 번 확인하는 뜻에서 키스를 나누는 날
가을	7월	칠석날	7일	14일	실버데이	연인들이 은반지를 주고받으며 미래를 약속하는 날
	8월	추석	15일	14일	그린데이	무더운 여름에 시원한 산을 찾아 연인과 삼림욕을 하는 날
	9월	중양절	9일	14일	포토뮤직 데이	연인과 함께 기념사진 찍는 날, 음악이 있는 곳에서 춤을 추며 즐기는 날
겨울	10월	상달		14일	와인데이	연인들이 함께 포도주를 마시는 날
	11월	동지	12월 22일경	14일	무비데이	연인들이 함께 영화를 보는 날
	12월	섣달	그믐	14일	허그데이	추운 겨울 날 사랑하는 마음으로 서로를 안아주는 날

확인하기

1. ① 24절기
   ② 입춘~입하 전까지
   ③ 입춘
   ④ 동지
2. 삼계탕, 서울에서는 육개장을 먹기도 한다.
3. 섣달그믐날은 잠을 자지 않고 밤을 샌다고 하였습니다. 현대사회에서는 이 날 자정에 전국에 있는 가족들에게 보내는 재야의 종소리가 있습니다. 이것의 의미는 무엇일지 생각해 보고 이야기해 봅시다.

체험하기

1. ① 상쇠놀이 : 상쇠가 꽹과리를 치며 상모를 돌리며 노는 놀이
2. ② 법고놀이 : 징, 북, 장구를 치며 소고(법고)에 장단을 맞추는 놀이
   ③ 상모, 꽹과리, 징, 북, 장구, 소고(법고)

2부 6과 20강

내용 확인하기

1. 나이를 한 살 더 먹는다.
2. 새해 복 많이 받으세요.
3. 새해에는 소망하는 일을 이루시게.

생각하며 표현하기

1. 각 나라의 설날 차례 지내기 이야기하기

확인하기

1. 조상님께 차례 지내기, 집안의 어르신께 세배하기
2. 설날에는 대표적인 음식인 떡국을 먹어야 나이 한 살을 먹는다고 했다.
3. 놀이문화 : 연은 멀리 날아가 소원을 이루게 해준다는 새해 소망,
   윷놀이는 그 해의 운수를 점치기도 하며 화합하는 장.

널뛰기를 통해 바깥세상에 대한 동경심을 가진다.
새해에는 좋은 일이 생길 거야. 하는 새로운 다짐을 한다.

체험하기

가 : 연, 나 : 윷놀이, 다 : 제기

2부 6과 21강

내용 확인하기

1. 가위, 한가위
2. 한가위 : 달이 유난히 밝아서 좋은 날이라는 뜻
3. 오려송편 : 반달을 닮았다고 하여 더 채워지기를 바란다는 희망의 뜻

생각하며 표현하기

1. 추석날 아침에는 햇곡으로 빚은 송편과 각종 음식을 장만하여 조상 차례를 지내고 성모를 한다. 조상숭배 정신에 근원을 둔 추석 명절은 사회가 변화하였어도 면면히 이어져 내려오는 한국인의 미풍양속이라고 할 수 있다.
2. 벌초는 여름 동안 묘소에 무성하게 자란 잡초를 베어주는 것, 추석 전에 조상의 산소를 찾아 벌초를 한다. 벌초는 1년에 두 번 하는데 봄철 한식 전과 가을 추석 전에 한다.

확인하기

1. 효도를 으뜸으로 삼았다.
2. 올게심니 : 잘 익은 곡식 다발을 내년에도 넉넉하게 수확할 수 있기를 기원하는 마음이 듬뿍 담겨 있다.

체험하기

1. 꽹과리, 장구, 징, 북
2. **예시 :** 한국에서 건강하게 잘 지낼 수 있도록 해 주세요. 그리고 내년에는 대학원에 입학해서 한국문화를 전문적으로 공부하고 싶어요. 대학원에 꼭 합격할 수 있

도록 해주세요.

2부 7과 22강

내용 확인하기

1. ① X ② O ③ O ④ O
2. 높이 띄우기 : ①, ④, ⑤
   재주 부리기 : ②, ⑥
   연줄 끊어먹기 : ③, ⑦

생각하며 표현하기

1. 연을 날리고 싶은 경우를 이야기한다.
2. 연줄 끊어먹기에서 끊어진 연에 어떤 소식을 담고 싶은지 이야기한다.

확인하기

1. 일본 : 다루마형 연, 후카(상어)연, 가메고바다연, 분부쿠연
   말레이시아, 태국, 중국, 인도, 싱가포르, 네팔 : 물고기, 새모양 연
2. 여러분 나라의 연을 소개하고 언제 연을 날리는지 이야기한다.
3. ① 바람이 흐르는 방향으로 연을 띄워 바람을 최대한 이용한다.
   ② 연줄을 직선이 가깝도록 팽팽하게 당겨야 한다.
   ③ 얼레를 잘 조종해야 한다.
   ④ 연이 곧바로 섰을 때 연줄을 잘 조종해서 방향을 잡아야 한다.

체험하기

1. 주변에서 연을 날려본다.

2부 7과 23강

내용 확인하기

1. ① X ② O ③ X ④ O
2. ① 널판 ② 중앙 ③ 평형 ④ 발

생각하며 표현하기

1. 널뛰기의 유래 중 자신이 생각하는 가장 유력한 이유를 말한다.

확인하기

1. 공중에서 한 바퀴 돌기, 공중에서 허리를 뒤로 제치기, 공중에서 발을 앞으로 쭉 폈다가 내려오기, 공중에서 발을 양 옆으로 폈다가 다시 모으면서 내려오기 등
2. ① 널판의 탄성과 도약력을 이용하여 정확하게 뛰어 오르내려야 한다.
   ② 몸의 중심을 잘 잡아야 한다.
   ③ 발이 땅에 닿지 않도록 해야 한다.
   ④ 도구를 사용할 경우 손에서 도구를 떨어뜨리지 않도록 한다.
3. 자신의 나라에 널뛰기와 비슷한 놀이를 소개한다.

체험하기

1. 주변에서 널뛰기를 해 본다.

2부 7과 24강

내용 확인하기

1. ① O　② X　③ O　④ X
2. ① 정월대보름　② 짚, 칡　③ 아이들, 어른들

생각하며 표현하기

1. 일본, 캄보디아 – 테안 프롯, 필리핀 – 푸눅, 베트남 – 깨오꼬
2. 자신이 줄다리기를 한다면 어떤 마음으로 할지 생각해 보고 말한다.

확인하기

1. ① 짚이나 칡과 짚을 엮은 줄을 준비하기
   ② 줄 꼬기
   ③ 여러 줄을 말아 하나로 합치기
   ④ (승리를 위한 제사 지내기)

⑤ 줄 옮기기

⑥ 줄 당기기

2. 농촌의 경우 풍년이 들고, 어촌의 경우 고기가 잘 잡힌다.

체험하기

1. 경기도 성남, 경북 고령, 대구 달성, 서울 도봉, 전남 순천, 전북 고창, 전북 완주, 충남 논산, 충남 예산

2부 8과 25강

내용 확인하기

1. ①, ②, ④, ⑤
2. 고된 노동의 피로를 잊고 일의 능률을 올리기 위해 다함께 노래를 부르면서 일했다. 여럿이 하는 작업이기 때문에 행동을 맞추거나 일의 속도를 조절하기 위해 노래를 불렀다.
3. 그날의 농사일이 무사히 잘 끝나기를 기원하고 서로에게 힘을 주기 위해 풍년을 기원하는 노랫말을 많이 사용했다.

생각하며 이해하기

2. **예시** : ① 조금 느리게 부를 때는 슬픈 느낌이 들지만 조금씩 빨라지면서 흥이 난다.

② 단조로운 리듬으로 차분하게 이야기를 하는 느낌이다.

③ 매우 경쾌하고 힘이 있어 남성적인 느낌이다.

④ 경쾌하고 밝은 느낌으로 기교가 많다. 하지만 조금 슬픈 느낌이다.

확인하기

1. 민요는 민중들의 생활 속에서 자연스럽게 형성되어 전승된 노래이다.
2. ①, ②
3. 여자들이 손을 잡고 둥글게 원을 그리며 노래를 부른다.

체험하기

2. **예시** : 코로나로 고향에 못 가고 / 엄마아빠 그리워도 못 보고
파란 하늘에 연을 날려 / 잘 있다고 인사를 하자
하늘 길이 열리면 / 너도나도 손잡고 가자
코로나야 사라져라 / 엄마아빠 보러 가자

2부 8과 26강

내용 확인하기

1. ③, ⑤
2.

	신화	전설	민담
주인공	영웅, 신	비범한 인간	평범한 인간
시간과 장소	태초, 신성한 장소	구체적인 시간과 장소	구체적으로 제시하지 않음
증거물	포괄적 (천지, 국가)	구체적인 증거물 있음	없음
전승 범위	민족적	지역적	세계적
전승자의 태도	신성하다고 믿음	사실이라고 믿음	재미, 즐거움

생각하며 읽기

1. ① 바람, 비, 구름 → 농경사회
곰, 호랑이 → 토템문화
단군 + 왕검 → 제정일치(祭政一致)
② **예시** : 베트남의 건국신화에 락롱꾸언이 등장하는데, 락롱꾸언은 단군신화에서 나오는 단군왕검과 같은 사람이다. 락롱꾸언은 바다 용(龍)의 후손이다. 베트남은 바다의 용을 토템으로 한다.

확인하기

1. ① 꿈
② 조신의 깨달음 : 인생무상에 대한 깨달음, 인간의 욕망과 집착에 대한 허무함,
예시 : 제가 조신이라면, 모든 일이 꿈이어서 정말 다행이라고 생각할 거 같습

니다. 승려로서의 본분을 잊고 헛된 욕망을 가지는 것은 모두를 불행하게 만들 수 있습니다. 실제로 그런 일이 일어났다면 다섯 아이까지 대대로 불행했을 것입니다.

체험하기

1. ① **예시 :** 붉은 악마 - 한국의 축구 응원팀, 무서운 형상으로 힘든 역경을 이겨나가는 강한 힘과 카리스마가 느껴진다.
   ② **예시 :** 일본에는 머리에 큰 뿔이 나있는 오니가 있다. 아주 무서운 존재이다. 사람과 친근한 한국의 도깨비와는 정서적으로 다른 느낌이다.

2부 8과 27강

내용 확인하기

1. ②, ④, ⑤
2. ① 산대도감 ② 마당 ③ 마을굿 ④ 종합예술

생각하며 이해하기

1. ① 허 도령과 처녀의 이루지 못한 사랑이 슬프고도 아름다웠다. 또 입과 턱이 없는 이매탈은 아주 순박하고 순수한 표정을 짓고 있어서 감동적이다. 하 도령 전설을 들으니 세상을 다 아는 듯 모르는 듯 알쏭달쏭한 이매탈의 표정이 더욱 더 신비롭게 보인다.
   ② 허 도령이 이매탈의 턱을 완성하기 전에 처녀에게 탈을 만드는 과정을 들켜서 갑자기 피를 토하고 죽었기 때문이다. 탈을 만드는 과정을 누구에게도 보이면 안 된다는 금기를 어긴 것이다.

확인하기

1. ① 말뚝이 - **예시** : 검붉은 얼굴, 찢어진 입, 큰 귀와 눈, 울퉁불퉁한 피부 등을 보면 말뚝이가 고귀한 신분은 아니라고 보인다. 채찍이나 몽둥이 같은 것을 들고 크고 힘차게 춤을 추는 모습이 위협적이면서도 도발적이다. 양반 주위를 돌며 양반의 대사에 꼬박꼬박 말대꾸를 하는 것이 양반을 놀리는 것처럼 보인다.
   ② 말뚝이 - **예시** : 민중을 대변하여 양반을 비판하고 조롱하는 역할.

체험하기

1. ① **예시** : 소매와 한삼을 뿌리는 춤 동작이 크고 화려해서 기억에 남는다. 씩씩하고 활발한 춤과 흥겨운 장단이 기억에 남는다.
   ② **예시** : 허 도령을 사랑한 처녀의 탈을 만들고 싶다. 처녀는 자신의 행동 때문에 죽게 된 허 도령에게 사과하고 진심을 이야기하고 싶었을 것이다.
   ③ **예시** : 허 도령님, 놀라게 해서 미안해요. 당신을 미워해서 그런 게 아니에요. 그저 보고 싶었을 뿐이에요.

2부 9과 28강

내용 확인하기

1. ① X ② O ③ X ④ O ⑤ X
2. ① 자연 ② 굿 ③ 점 ④ 살풀이

생각하며 표현하기

1. ① 전통신을 모시는 무당인 어머니와 기독교를 믿는 아들 욱이가 종교 때문에 갈등을 하게 된다.
   ② 힘을 잃게 된 모화는 굿을 하다가 물속에 빠진다.

확인하기

1. 사람이 혼자 해결하기 힘든 문제를 신의 힘을 빌려 해결해 주기 위해서 굿을 한다.
2. 한국의 집 공간마다 신이 살고 있는데 이 신들과 사이좋게 지내야 집안이 평화롭고 그 집에 사는 사람들이 행복하게 살 수 있다.
3. 무당에게 상담받고 싶은 내용을 친구와 이야기해 본다.

체험하기

1. ① 똑똑한 건달 광호가 갑자기 신내림을 받게 되면서 여러 사건을 해결한다.
   ② 주인공의 입장에서 이야기해 본다.

2부 9과 29강

내용 확인하기

1. ① X　② O　③ O　④ O　⑤ X
2. ① 달　② 태교　③ 삼신할머니　④ 대추

생각하며 표현하기

1. 친구들에게 고향의 풍습을 조사하여 이야기한다.

확인하기

1. 조선시대에 유고가 국교가 되면서 효도를 강조하고 돌아가신 조상에게 제사를 지내는 것을 아주 중요하게 생각했다. 제사는 집안의 남자들이 지냈기 때문에 아들을 더 중요하게 생각하기 시작했다.
2. 칠성신과 삼신데게 기도를 드린다. 돌부처나 돌하루방의 코를 갈아서 물에 타 먹기도 했다. 아들을 낳은 여자의 속옷을 훔쳐 와서 입기도 하고 아이가 많은 집의 칼을 훔쳐 와서 베개 밑에 놓고 자기도 했다. 그리고 밤이 되면 달을 보며 기도를 올렸다.

체험하기

1. 고향의 전통 출산 풍습에 대해 이야기한다.
2. 고향에서 출산 후 먹는 음식과 먹지 않는 음식을 조사하여 이야기한다.

2부 9과 30강

내용 확인하기

1. ① X　② O　③ O　④ X
2. ① 신　② 부적　③ 고사　④ 무속
3. **예시** : 놀이공원에서 찍은 사진 속의 우리는 아주 신나 보였다.
   음악에 맞춰 신나게 춤을 추었다.

생각하며 표현하기

1. 기사 내용과 유사한 고향에서의 경험을 이야기할 수 있다.
2. **예시** : 컴퓨터 운세의 장점 – 기분이나 감정에 따라 말을 하지 않기 때문에 객관적인 이야기를 들을 수 있다 등 / 단점 – 인간적인 따뜻함이 없다 등

확인하기

1. 굿을 할 때 연주되던 음악이 한국 전통음악으로 전해지고 있다. 시골 마을 곳곳에 마을을 지키는 서낭당이 있다. 새로운 일을 시작하거나 새 차를 사면 고사를 지낸다. 결혼이나 이사를 앞두고 좋은 날짜를 알기 위해 무당을 찾아간다. 즐거울 때 '신나다'는 표현을 사용한다.
2. 주로 새로운 일을 앞두고 지낸다. 사무실이나 가게를 개업했을 때, 새 차를 샀을 때, 그 해 처음 바다에 나갈 때 등 다양한 이유로 고사를 지낸다.

체험하기

1. 눈이 찢어지고 입이 크다. 잡귀나 도둑을 막고 마을을 지키는 수호신이기 때문에 두려움을 주기 위해 일부러 무섭게 만들었다.
2. 각자 생각하는 모습으로 장승을 그린다.

저자 소개

권오경

문학박사, 부산외국어대학교 한국어문화학부 교수
부산광역시 문화재위원

이리경

문학박사, 동명대학교 국제부 초빙교수
한국문화예술교육사연합회 부산지회장

박정미

교육학박사, 부산외국어대학교 글로벌융합교육원 전임연구원
부산외국어대학교 한국어문화학부 초빙교수

한정범

교육학박사수료, 부산외국어대학교 국제학부 강사
부산외국어대학교 한국어학당 교사

표수진

교육학박사수료, 인제대학교 한국어문화교육원 강사팀장
부산외국어대학고 만오교양대학 강사

외국인을 위한 체험중심

한국전통문화

초판발행 2021년 6월 30일 **1판 1쇄** | 2022년 9월 10일 **1판 2쇄**

지은이 권오경 이리경 박정미 한정범 표수진
펴낸이 최용구 | **펴낸곳** 도서출판 **신정**
주소 (04316) 서울시 용산구 원효로 89길 19 (원효로1가)
전화 02)3211-4782, 0266(영업부), 3211-4783(편집부), 3211-4784(팩스)
이메일 sjbook2002@naver.com | **홈페이지** www.sjbook.co.kr
등록 2001년 5월 11일 제13-702호
기획마케팅 최용구 장만동 최충구 진소희 | **책임편집** 석기은 황가연

ISBN 978-89-5912-764-1 03380
정가 16,000원